전찬일   라이너

Cannes chan il

일러두기

* 대담자의 입말을 살리려는 의도에 따라, 표준 한글 맞춤법에 따르지 않은 표기가
  있을 수 있다.
* 고유명사는 국립국어원 외래어 표기법을 따랐으나, 자주 사용되는 범례를 더
  우선시했다.
* 외화 제목의 경우, 한국 개봉 제목을 기준으로 표기하였다.
* 배우와 감독의 이름과 영화 관련 용어의 경우, 널리 소개된 표기를 기준으로
  삼아 적용했다.

"두 사람의 대담집. 목차만 일별해도, 호기심이 마구 인다."
―이정재 ― 배우·영화감독

"충돌과 대치의 함의가 가득하면서도 묘하게 접점과 합을 띄워 올리는 게 이 책의 핵심이다."
―임진모 ― 음악평론가

"기대 이상이었다. 소장 라이너가 중견 전찬일을 이끄는 모양새가 흥미를 더한다.
생각지도 않게 후딱, 재미있게 읽힌다."
―정지영 ― 영화감독

10개의 시점으로 보는
영화감상법

1
평론가의 역할
보고, 분석하고,
들려주다

2
평가의 기준
우리는 왜
영화를 보는가

3
흥행의 쟁점
영화가
관객을 선택한다

4
감동의 코드
신파에도
수준이 있다

5
명작의 조건
관객이 빠져들면
진짜다

6
연기
배우는 감독의
도구다

7
사운드
영화는 보고 '듣는'
매체다

8
미장센
이야기를 빼고,
눈에 보이는 모든 것

9
관람
영화는 관객이 보아야
비로소 완성된다

10

장르
영화를 분류하는 대표적인 방법

SF와 판타지
사회의 현실과
미래에 대한
은유

히어로물과 동화
창작과
계몽 사이의
어떤 선택

다큐멘터리와 독립 영화
놓쳤던 것들에 대한
포착

애니메이션
수요를
따라가지 못하는
산업적 구조

뮤지컬과 사극
득도 실도 되는
장르적 관습

누아르와 공포
문법과 클리셰,
지키거나 혹은
파괴하거나

맺는이야기

관객, 극장, 그리고 영화
달라지는 관객, 사라지는 극장, 바
꿔야 할 영화의 정의

찰나의 순간, 지극히 빛나는

'섬광처럼….'

　서문을 쓰기 위해 원고와 마주한 순간 이 대사가 기다렸다는 듯 머리를 스치고 가는 것을 느꼈습니다. 영화가 아니라 만화인 『드래곤 퀘스트 다이의 대모험』 36권에서 스토리 작가 산죠 리쿠가 쓴 대사죠. 기나긴 인류의 역사, 아니 더 나아가 우주의 시간을 생각한다면 우리 같은 인간이 살아가는 인생은 그야말로 찰나에 지나지 않을 것입니다. 앞의 작품에서 도저히 이길 수 없는 적을 앞에 둔 포프는 설령 남은 시간이 오 분이라 해도 섬광처럼… 눈부시게 불태우며 살아가겠다고 다짐하며 다시 일어나죠.

　살아가는 게 무엇일까 하고 고민한 시간이 많았습니다. 무엇을 위해 이렇게 힘들게, 고통 받고 사랑하고, 미워하고 미안해하고, 누군가에게 민폐를 끼치면서까지 나는, 왜, 살아가야만 하는가. 무엇을 바라기에 이토록 애를 쓰고 몸을 비틀어 가며 하루하루를 우당탕탕 뛰어다니고 있는 것일까. 저 하늘에 빛나는 모든 별빛이 이 지구에 오기까지의 까마득한 시간을 생각해 보면 우리의 삶 따위는 없는 것이나 마찬가지인데도, 나는 왜, 굳이, 이렇게 살아가는가.

시간을 돌려 보면, 저는 그저 이야기를 좋아하는 소년이었습니다. 책을 읽는 게 너무 좋아서 매일 침대에서 어린이 동화 전집을 읽다 잠들고, 하루가 멀다 하고 비디오 대여점에 달려가서 영화며 만화며 빌려 보는 것이 좋았던 그런 소년. 나이가 들고, 어른이 되어서도 그것만은 변하지 않았습니다. 그저 영화를 보는 것이 좋아서 영화 유튜브를 시작했고, 어쩌다 보니 운명의 손에 이끌려 방송에 출연하고, 지면에 칼럼을 연재하면서 영화 평론으로 살아가게 되었습니다. 여전히 영화를 보는 순간이 행복하고, 영화를 보고 나오며 생각을, 감정을 갈무리하는 그 순간에 더할 수 없는 충족감을 느끼면서요.

영화란 두 시간 남짓한 시간 동안 벌어지는 하나의 인생과도 같다고 생각합니다. 영화 속 인물들이 발산하는 그 엄청난 에너지, 화면에 담기는 모든 장면이 토해 내는 의미와 색과 그 모든 조화들이, 시간이, 순간이 있습니다. 시신과 시선이 마주치고, 침묵의 순간에 마침내 포착되는 진실의 순간들이 전율하게 만듭니다. 시간에 종속된 예술이라는 측면에서 영화는 마치 한순간 튀어 오르는 불꽃, 섬광과도 같습니다. 저마다 빛을 내고 반짝이는 이 한 줄기 섬광들이 모여 있는 이곳이야말로 우주의 축약판이라고 저는 생각합니다.

눈부시게 타오르는 그 빛들을 하나하나 살펴보며 걸어 온 결과 이 책을 마주하게 되었습니다. 이 책은 영화에 대한 제 작고 어리석은 생각을 늘어놓은 부끄러운 고백서 같은 것입니다. 좋은 선배님인 전찬일 평론가와 고생하신 전은재 선생의 노고가 아니었다면 이 책은 나오지 못했을 겁니다.

＊

최근에 작품을 만들고 있습니다. 시나리오를 쓰고, 스토리 보드를 그리면서 비로소 고민해 온 것들에 대한 답을 알게 된 것 같습니다. '이걸 하려고 나는 살아왔구나.' 하고 생각하게 됩니다. 비록 그리 대단치 않은, 별 볼 일 없는 작품 활동이겠지만 그게 저에게 속삭입니다.

'섬광처럼…'

제가 가진 전부를 쏟아내고, 제 생을 걸어야 하는 일을 만난다는 것은 축복이라 생각합니다. 아무리 미약한 빛이라 할지라도 이 순간, 저는 제가 살면서 겪은 그 어떤 순간보다도 눈부시게 빛나고 있습니다. 걸어가는 길은 두렵지 않습니다. 때로는 운명의 손을 잡아끌어야 하는 법이거든요.

잠시, 저와, 저보다 훨씬 훌륭한, 제 선배이신 전찬일 평론가가 사랑하는 이 영화의 세계를 둘러보시는 건 어떨까요? 이 책이 제가 본 빛을 여러분께도 함께 보여드릴 수 있기를 바라며, 저는 자판에서 손을 뗍니다. 즐거운 관람이 되기를.

2023년 12월
라이너

이야기

영화를 보다

보고,
분석하고,
들려주다

두 분은 팟캐스트 '매불쇼'에서 '시네마 지옥'이라는 코너에 함께 출연 중이신데요. 그 외에도 꽤 많은 활동을 함께하시는 걸로 알아요. 두 분은 매불쇼에서 처음 만나게 되신 건가요?

라이너 저희 인연이 시작된 건 '매불쇼' 덕분이에요. 제가 먼저 '매불쇼'의 '시네마 지옥'이란 코너에 최광희 선생님의 파트너로 섭외가 됐죠. 그렇게 한 6개월쯤 같이 진행했나? 최광희 선생님이 그만두시면서 제 파트너 찾기가 시작됐어요. 영화감독, 기자, 평론가 등 정말 많은 분이 돌아가며 제 파트너 역할을 해 주셨는데요, 딱 맞는 분을 찾기가 참 어려웠죠. 그러던 어느 날, 제작진이 전찬일 평론가님을 섭외해 주신 거예요. 다른 출연자와는 격이 다른 모습에 제작진도 저도 첫눈에 반했죠. 아직도 그날이 생생합니다. 반응이 정말 폭발적이었거든요. '라이너가 드디어 임자를 만났다!' '라이너, 드디어 1패!' 이런 반응이 쏟아졌죠. PD님이

전찬일 선생님께 앞으로도 같이하고 싶다고 구애하시던 모습이
기억에 남아 있어요.

전찬일 1패라니, 그건 좀 아니지 않나? (웃음) 거기 나가기 전까지 저는 팟
캐스트는커녕 유튜브도 거의 안 보던 사람이었어요. 그러니 매불
쇼가 뭔지도, 라이너라는 친구가 있는지도 몰랐지. 부끄러운 얘
긴데, 멋모르고 그냥 출연료 준다니까 "오케이!" 했던 거예요. 그
땐 수입이 거의 없었거든요. 그런데, 녹음을 하러 갔더니 글쎄,
스물세 살이나 어린 친구랑 합을 맞추라는 거야. 혼자 하는 건
줄 알았는데, 누군지도 모르는 친구와 합을 맞추라니….
솔직히 내키지 않았어요. 불쾌하기까지 했다니까. 제가 나이 차
를 크게 따지는 사람이 아닌데도, 좀 그렇더라고요. 그런 정보
들을 미리 알았더라면 아마 애초에 안 나갔을 거예요. 심지어
'그냥 갈까?'라는 생각도 했는데, 진짜로 가 버리면 그게 또 인
간성 문제가 되어 버리잖아요. 그러니까 결국 '여기까지 온 김에
그냥 한번 해보자!' 하고 마음을 먹어 버렸죠. 그런데, 나야말로
그날 라이너에게 첫눈에 반했어요.
제가 여러 면에서 비보수적인 편이긴 하지만, '애티튜드Attitude.
태도나 자세'를 중시한다는 점에선 굉장히 보수적인 편입니다. 그런
데 라이너는 몸가짐이나 언행 같은 게 정말 보기 드물 정도로
좋더라고요. 지금도 그래서 이 친구를 참 좋아해요. 예의가 바
르고 당당하면서도, 선도 잘 지키는 편이거든요. 가끔 그 선을
넘긴 하지만. (웃음)
사고도 건전하고, 노력도 정말 많이 해요. 전 처음부터 고정 출연
진으로 참여할 생각이 없었는데, 라이너에게 반해서 고정 출연 제

안에 응한 거예요. 그리고 그렇게 둘이 거의 사 년 가까이 호흡을 맞추다 보니, 이젠 라이너와의 관계가 저에게 참 중요해졌어요.

전 라이너를 참 좋아해요. 라이너는 그만큼 절 좋아하지 않겠지만. 주변에 칭찬도 얼마나 많이 하고 다니는지 몰라요. 이 대담도 라이너랑 하는 거라니까 하기로 한 겁니다. 다른 사람이랑 하랬으면 아마 안 했을 거예요. 구독자 수가 아무리 많은 데서 불러도, 제가 하기 싫으면 안 하는 거죠.

그런데 라이너와 저, 우리 둘 사이엔 정말 커다란 세대 차이가 있어요. 전문가로서의 경력 차이는 말할 것도 없고요. 그래도 우리가 세대 갈등과 경력 차를 넘어 대등하게 대화할 수 있는 건 서로를 인정하고, 대화 속에서 서로 부족한 점을 깨닫기 때문에요. 그리고 그 가운데 상호보완이 굉장히 잘 이루어지죠. 저는 그래서 라이너와의 대화가 참 즐거워요.

라이너 저도 마찬가지예요. 저 역시 선생님과 하는 게 아니었다면, 이 대담에 응하지 않았을 겁니다. 저는 지금 다른 책을 작업하고 있는데요. 그래도 이 작업을 더 우선시해야겠다고 생각한 건 역시 선생님 때문이죠.

제가 선생님을 처음 만난 게 2020년 2월이었는데요. 그때부터 제 인생이 정말 많이 바뀌었어요. 그 시기쯤 영화 칼럼을 쓰기 시작했고, 평론의 세계에 본격적으로 입성하게 되었거든요. 선생님은 저에게 뭔가를 가르치지 않았다고 생각하실 수도 있겠지만, 전 선생님을 보며 많이 배웠어요. 사람을 대하는 방식이나 영화를 바라보는 시선 같은 걸, 선생님을 지켜보며 많이 배웠습니다.

편집자님 말씀대로, 선생님과 저는 매불쇼 출연 이외에도 함께 섭외되는 일이 많아요. 저희가 명콤비이기 때문이겠죠. 저는 이 대담집이 '전찬일과 라이너는 떼려야 뗄 수 없는 명콤비다.'라는 명제를 굳히는 작업이 되어 줄 것이라 생각하고 있어요. 이 대담집을 통해 사 년과 사십 년이라는 까마득한 경력 차이와 서로 다른 배경을 가지고 있는 저희 두 사람이 영화에 대해 어떤 다른 생각을 하고 있고, 어떤 지점에서 통하는지를 보여 주면 정말 재미있을 것 같아요.

라이너 선생님은 영화 비평 칼럼을 꾸준히 연재해 오셨고, GV 진행 이력도 많으신데 아직도 '평론가'보다는 '유튜버'로 더 자주 불리시는 것 같아요. 평론가에 비해 가볍게 여겨지기 쉬운 유튜버라는 호칭이 어쩌면 꼬리표처럼 여겨질 수도 있을 것 같은데, 이 부분에 대해 어떻게 생각하세요?

전찬일 많은 사람이 평론가와 유튜버 사이에 큰 간극이 있다고 생각하고, 유튜버는 평론가보다 수준이 떨어진다고 간주하잖아요? 저는 그 간극을 좁히는 데 라이너가 큰 역할을 하고 있다고 생각해요. 지금은 운영하고 있지 않지만, 제가 유튜브 채널을 개설하면서 '**크리튜버**'*라는 말을 만들어 썼는데요, 라이너야말로 크리튜버예요. 라이너는 유튜버로서 영화계에 넘어온 사람이고, 유튜버의 수준을 업그레이드시킨 평론가라고 봅니다.
많은 영화 유튜버가 영화를 소개하는 데 급급하지만, 이 친구는 비평을 하잖아요? 게다가 이 친구는 사 년 넘게 일정 시간을 바쳐 영화 비평을 위한 글을 꾸준히 써 왔어요. 유튜브 활동을 지속하며 그렇게 하는 게 얼마나 어려운 일인데요. 영화 유튜버 중엔 아

* 전찬일 평론가가 Critic(평론가)과 Youtuber(유튜버)를 결합해 만든 신조어. Creative(창의적인) Youtuber라는 의미로도 사용한다.

마 라이너가 유일할 겁니다. 그 꾸준함이 있었기 때문에 저와 이 자리에서 명실상부한 '선후배 평론가'로 마주 볼 수 있는 거고요. 유튜버라는 호칭이 꼬리표라면 꼬리표일 수 있겠지만, 평론가이기만 했던 제 입장에서 보면 '인기 유튜버'라는 건 오히려 부러운 꼬리표예요. 다른 평론가들도 되게 부러워할걸요? 요즘 대중에게 거론되는 평론가가 몇이나 됩니까. 라이너만큼 많이 거론되는 사람이 드물잖아요. 라이너는 평론가들이 벤치마킹해야 할 부러움의 대상이에요. 그래서 난 라이너가 그 꼬리표를 계속 지키면 좋겠어요. 오히려, 그 꼬리표에 대한 대중의 인식을 바꾸고 유튜버의 수준을 업그레이드시키는 역할을 맡아 주면 좋겠다는 바람이 있습니다. 하지만 라이너가 그 꼬리표 때문에 불편함을 느낀다면 이 대담집을 계기로 떼어 내도 좋겠죠. 라이너 입장은 어때요?

라이너 선생님께서 "라이너는 크리튜버다, 평론가이자 유튜버다."라고 말씀해 주시니까 감사하면서도 참 부끄럽습니다. 제가 영화로 칼럼도 쓰고 책도 쓰면서 영화 평론가로 활동하기는 했지만 어디 가서 스스로를 영화 평론가라고 소개하거나 자처하지는 않습니다. 제 입으로 그렇게 말하고 다니긴 좀 부끄럽더라고요. 물론 제 정체성은 유튜버고, 유튜브로 영화를 시작했다는 것을 자랑스럽게 여기지만, 이 자리에서만큼은 분명하게 말하고 싶습니다. 저는 '경계를 넘은 평론가'라고요.

전찬일 '경계를 넘은 평론가'라, 명언 나왔네. 맞지, 라이너는 경계를 넘었지.

라이너 유튜버와 평론가 사이의 어떤 경계를 넘은 건, 유튜버 중엔 아마 제가 유일할 거예요. 사람들이 영화 평론가라고 부르는 분들은 대부분 등단을 하거나 잡지나 신문 지면에 연재를 해 가며 경력을 쌓는 방식으로 평론가가 되신 분들이에요. 올드미디어를 통해, 다시 말해 전통적 방식으로 평론가가 되신 거죠. 이분들이 유튜브로 넘어오시는 건 굉장히 쉽습니다. 그런데, 유튜버가 영화 칼럼니스트가 되어 그쪽 세계로 넘어가는 건 사실 굉장히 어려워요. 어떤 벽이 있거든요.

저는 그걸 깨고 영화 평론계의 메인스트림으로 넘어갔어요. 유튜버 출신임에도 한 매체에서 이 년 반 동안 고정적으로 영화 칼럼을 매주 연재했고, 문화 잡지 『쿨투라』에 7개월 정도 칼럼을 정식 연재하기도 했어요. 그 외 다른 매체에서도 칼럼이나 영화 관련 원고 요청이 오면 꾸준히 쓰고 있고요.

저는 유튜버도 벽을 허물고 평론가가 될 수 있다는 걸 보여 주는 게 굉장히 중요하다고 생각해요. 시대가 변했잖아요. 저처럼, 뉴미디어를 통해서도 평론가가 될 수 있어요. 저는 다른 영화 유튜버들이 '라이너도 되는데, 나는 왜 못 돼?'라고 생각하고, 평론가로 불리는 일에 도전해 보면 좋겠어요. 유튜브 이외에 다른 매체에도 나가 보고, 지면 연재도 꾸준히 해 보면서요. 그런 의미에서, 오늘만큼은 저도 스스로를 평론가라고 선언하고 선생님 앞에 후배로서 서겠습니다.

주변을 보면, 평론가가 뭘 하는 사람이고 왜 필요한지 의문을 품는 사람들이 꽤 많아요. 영화에서 평론가의 역할은 뭘까요? 평론가로서 라이너 선생님은 이에 대해 어떻게 답해 주시겠어요?

라이너 과거의 영화 평론가분들은 굉장히 학술적으로 영화에 접근해 관념적인 언어로 비평을 하셨어요. 평론도 그에 맞는 지면을 통해 전달되었고요. 『키노KINO』* 같은 잡지에 실렸던 비평을 보면, 말도 어렵고 글 자체도 굉장히 길어요. 현학적이라고 느껴질 정도죠. 그런데, 시대가 변하면서 그런 글을 쓰는 평론가들이 많이 없어졌어요. 그런 글을 발표할 만한 지면이 사라졌으니까요.

이제 대중이 쉽게 접하게 되는 영화 비평은 거의 '20자 평'이나 '한 줄 평'이에요. 주로 접하는 곳도 지면이 아니라 인터넷이죠. 이렇게 짧은 글들 위주로 접하게 되는 대중의 입장에서는, '평론가가 하는 일'이나 '평론가의 필요성'에 충분히 의문을 품을 수도 있을 것 같아요.

이런 의문을 받지 않으려면, 영화 평론이 조금 더 대중화되어야겠죠. 그러려면 대중에게 다가서는 평론이 지금보다 많아져야 할 테고요. 저는 그런 역할을 저 같은 뉴미디어 출신 평론가와 전찬일 선생님 같은 기존 **레거시미디어**Legacy Media** 출신 평론가가 함께 맡을 수 있다고 생각해요. 대중의 언어와 학술적 접근이 함께하게 되는 것이니까요. 그럼 '뭐 하는 것도 없으면서.'라는 생각이 들지 않을 만큼 대중에게 이야기를 들려주고, '뭘 말하는지 모르겠다.'는 생각이 들지 않을 만큼 대중에게 다가서는 평론이 가능해지지 않을까요?

저도 실제로 "영화 평론가가 왜 있는 거죠?"라는 질문을 많이 받아 보았어요. 조금 심하게 말해서 "영화 평론가는 그냥 영화에 기생해서 살아가는 사람 아니냐?"라고 한 사람도 있었고요. 저는

---

* 1995년 창간되어 2003년에 폐간된 월간 영화 평론잡지. 수준 높은 기사와 평론으로 꾸려져 영화인들에게 큰 사랑을 받았다.

** 과거 정보화 시대 이전을 지배했던 대중매체를 뜻하는 말로, 뉴미디어 플랫폼에 견준 전통적 미디어 (TV, 라디오, 신문 등)를 가리킨다.

그런 질문을 받을 때마다 이렇게 설명해요. 영화를 보든 소설을 읽든 어떤 예술 작품을 봤을 때 그걸 주제로 다른 사람과 대화를 나누어 보면 생각하지 못한 부분을 깨닫고, 배울 수 있잖아요. 다른 사람의 생각과 관점을 엿봄으로써 자기 세계가 풍부해지는 거죠. 평론가는 다른 생각과 관점을 정제된 언어로 대중에게 들려주는 일을 하는 사람들이에요. 그래서 꼭 필요합니다.

평론가는 영화를 보고, 그걸 대중에게 들려주는 역할을 맡은 사람이 랄 수 있는 거군요. 물론 들려주기 전에 영화를 분석하는 과정도 필요할 테고요. 그런데 대중이 생각하기에 평론가는 일종의 영화 전문가잖아요. 그러니까 대중은 평론가가 들려주는 말을 자신의 의견보다는 더 무겁게 받아들일 수도 있죠. 마치 정답인 것처럼요.

라이너   GV를 진행하다 보면, 이런 식으로 말하는 관객분을 만날 때가 종종 있어요. "나는 당신 평에 동의하지 않는데, 당신이 평론가니까 당신 말이 다 옳은 거냐." 그럼 저는 이렇게 대답해 드리죠. "저는 여기 오신 분들이 어떤 부분에서는 저보다 더 전문적인 분들일 수 있다고 생각합니다. 제 비평에 꼭 동의하거나, 제 비평을 받아들이실 필요는 없어요. 그냥 '쟤는 저렇게 생각하는구나.'라고 생각하시면 됩니다."
비평은 옳고 그름의 문제가 아닙니다. 평론가의 평도 무조건 옳은 게 아니라 그냥 '좋은 거'라고 생각해 주시면 좋겠어요. 평론가가 어떻게 본다고 해서 그대로 따라할 필요도 없고, 평론가가 낸 의견에 무조건 동의해야 할 필요도 없습니다. 물론, 동의하지 않는 평이라고 해서 "네가 틀렸다."라고 할 필요도 없고요.

전찬일 라이너가 핵심을 아주 잘 짚어 줬네요. 맞아요. 평론가의 비평을 맞고 틀림의 기준으로 받아들이면 안 돼요. 평론가는 자기 관점을 제시하고, 다른 목소리를 들려주는 사람이에요. 훈련된 사람이니만큼, 조금 더 깊고 넓은 관점에서 영화를 해석해 다양한 목소리를 들려줄 수 있죠. 하지만, 모든 대중이 평론가처럼 영화를 볼 필요는 없어요. 결국 본인이 선택할 문제인 건데, 평론가가 자신과 영화를 다르게 봤다고 책임을 추궁하면 좀 곤란하죠.

만약 '나랑 다르고, 내가 봤을 때 설득력이 없는 비평이다.'라는 생각이 든다면, '이렇게 볼 수도 있나 보네.' 하고 넘어가면 돼요. 간혹 평론가 중에서 '영화는 나처럼 이렇게 봐야 한다, 나처럼 보지 않으면 영화 볼 줄 모르는 거다, 이 영화를 그런 식으로 해석하는 건 틀렸다.'는 식으로 생각하거나 말하는 사람도 보이는데, 그것 역시 바람직하지 않다고 생각합니다. 그리고, 평론가가 영화에 기생해 살아가는 사람 아니냐는 말은 딱히 심하게 느껴지지 않는데요? 당연히 기생할 수밖에 없죠. 영화 평론가들은 해석할 영화가 있어야만 존재할 수 있으니까요.

라이너 그래도 기생은 좀…. '공생'이라는 표현이 더 좋지 않을까요?

전찬일 (웃음) 그렇죠. 하지만 뭐 그걸 보고 '기생'이라고 한들 굳이 부인할 필요는 없을 것 같다는 말이에요. 아무튼, 이어서 평론가의 역할과 필요성에 관해 이야기해 보자면, 저는 비평이 크게 세 가지 역할을 한다고 생각해요. 첫째는 '다른 관점과 시선을 소개해 주는 가이드 역할'이고, 둘째는 '문제 제기의 역할', 셋째는 '역사적 기록의 역할'이에요.

많은 사람이 간과하는 부분이 있는데, 봉준호나 박찬욱 같은 감독이 세계적으로 인정을 받기까지는 알게 모르게 비평의 힘이 적지 않게 작용했어요. 어떤 영화가 훌륭한지, 왜 훌륭한지를 꾸준히 말해서 알리고 지지하는 것, 아직 알려지지 않은 작품들을 대중에게 알리는 것 그 모든 게 영화 평론가의 역할이에요. 이런 역할들을 맡고 있는 존재이기 때문에, 평론가는 필요합니다.

평가의 기준

우리는 왜
영화를 보는가

이제 본격적으로 영화 이야기를 나눠 볼게요. 왜 우리는 영화에 끌리고, 영화를 보는가에 대한 이야기죠. 그런데, 영화를 평가하는 기준은 사람에 따라 달라지는 것 같습니다. 어떤 작품은 대중의 평가와 평론가의 평가가 극명하게 갈리고, 또 어떤 작품은 평론가들끼리도 평가가 극명하게 갈리죠. 무엇 때문에 평가가 갈린다고 생각하세요? 그런 작품들의 특징이 있을까요?

전찬일　대표적인 예가 홍상수 감독의 영화죠. 홍 감독 영화는 대중과 평론가 사이에서 평가가 극명히 갈리고, 평론가끼리도 그에 대한 지지가 갈려요. 열광적으로 지지하는 평론가들이 있는 반면에 비판하는 평론가들도 있으니까요. 저 같은 경우엔 홍상수 감독 영화를 나름 재미있게 보긴 하지만, 열광적으로 지지하진 않아요. *<돼지가 우물에 빠진 날*1996> 같은 영화는 굉장히 지지하기도 했는데요, 세월이 흐르면서 '홍상수의 영화는 동어반복적이

다.'라는 일반적인 비판에 어느 정도 공감이 되더라고요. 그러다가도 최근 들어서는 반복이 아닌 변주에 방점을 찍고 보면 여전히 흥미로울 수 있겠다는 생각도 들고…. 홍 감독 영화가 자칫 동어반복적으로 보이긴 해도, 디테일을 들여다보면 그 안에서 적절한 변주가 이루어지거든요.

비단 홍상수 감독의 영화뿐 아니라, 많은 예술이 반복이나 변주 중 방점을 어디에 찍어서 보느냐에 따라 다르게 보일 수 있는데, 관객은 이 차이를 알아내기가 조금 어려워요. 반복 안에서 적절한 변주를 잡아내는 게 쉽지 않은 거죠. 그러니 영화를 봐도 계속 비슷한 장면의 반복으로만 보일 테고, 지루하다고 느끼는 거죠. 관객이 평론가보다 부족해서 그런 건 아니에요. 워낙에 이런 건 훈련을 하지 않으면 보기 어려워요. 예술에는 의식적인 훈련을 거친 사람만 잡아낼 수 있는 부분들이 있기 때문에, 평론가와 대중 사이에 평이 갈리는 영화들이 나오는 거예요.

그리고 평론가들끼리도 평이 갈리는 이유는 취향과 지향에 차이가 있기 때문입니다. 저 같은 사람은 영화에서 사운드와 연기를 조금 더 중시하는 평론가예요. 다른 평론가에 비해 **내러티브***에는 비중을 덜 두는 편이죠. 중요하지 않다고 생각해서가 아니라, 내러티브에만 국한해서 하는 비평 방법론에 워낙 신물을 느꼈기 때문이에요.

개개인의 취향과 지향에 따라 비평의 방향이 다른 건 당연한 겁니다. 매불쇼에서도 저와 라이너의 의견이 극렬하게 갈리는 일이 잦잖아요. 저는 욕심을 좀 버리고 비평을 하는 편이에요. 제가

---

* Narrative. 시공간에서 발생하는 인과관계로 엮어진 실제 혹은 허구적 사건들의 연결·배치를 가리키는 용어. 흔히 서사로 번역되나, 원어를 그대로 옮기는 경우가 더 잦은 편이다.

진짜 바라는 기준점에 눈높이를 두고 비평하면 만족할 만한 영화가 너무 드물기 때문이죠. 그러니까 어느 정도 덕목이 있으면 그걸 인정해 주는 식으로 비평을 합니다. 라이너는 저와 다른 방향의 비평을 하니까 자꾸 부딪히는 거예요.

제 평가가 너무 후하다고, 온정주의라고 비판하는 사람도 있어요. 그런 비판을 받을 여지가 있다는 건 인정합니다. 그건 뭐 어쩔 수 없어요. 제가 비평하는 방향성이 그런 걸 어쩌겠어요. 어떨 때는 "좋은 말만 한다", "당신이 평론가가 맞냐?" 같은 소리를 듣기도 하는데, 어쩌겠어요. 내가 감수해야지.

라이너 대중이 영화를 소비하는 방식과 평론가가 영화를 보는 방식이 너무 다르기 때문에 평가가 갈리는 일이 생기는 것 같아요. 제가 많이 듣는 말 중 하나가 "뭐 그렇게 머리 아프게 영화를 보냐?" 이건데요, 이게 대중이 영화를 바라보는 방식을 상징하는 말 아닌가 싶어요.

대중은 좋은 경험을 위해, 재미있는 걸 보기 위해 영화관을 찾아요. 그래서 블록버스터 영화나 오락 영화를 선호하죠. 그런 영화는 대중에게 쾌감을 주는 걸 목적으로 만들어졌기 때문에 비교적 단순해요. 저는 그런 영화를 설명할 때, '정보의 양이 적다.'고 표현하는데요, 단순하기 때문에 분석하거나 읽어내야 할 정보가 적다는 의미예요. 평론가가 보기에는 딱히 재미가 없는 영화인 거죠. 늘 사용하던 클리셰를 쓰고, 결말도 어느 정도 예상이 가능하고, 배우의 연기나 캐릭터도 이제까지 봐 온 것과 크게 다르기가 어려우니까요.

실제로 흥행이 성공한 영화 중에는 '격투 장면이 익숙하다.''전개가 상투적이다.'라는 얘기를 듣는 영화가 적지 않죠. 그러니까 어느 영화를 봐도 줄거리나 장면이 다 비슷비슷한 거예요. 하지만 대중이 그걸 즐겨 찾으니까 비슷비슷한 오락 영화도 그만큼 꾸준히 만들어지는 거겠죠. 그런데 뻔한 영화인 걸 알면서도 대중이 그런 영화를 보고, 영화관을 계속 찾는 이유는 무엇일까요?

라이너 코로나19 이전까지 통계를 보면 한국 사람은 평균적으로 일 년에 네 편 정도 영화를 봤다고 해요. 영화를 일 년에 네 편 정도만 보면, 네 편 모두 비슷한 오락 영화라도 매번 재미있게 볼 수 있을 거예요. 하지만, 저 같은 사람은 신작 영화만 일 년에 이백오십 편 정도를 보기 때문에 단순하고 뻔한 영화를 재미있게 보기가 어려워요.

저는 영화를 보는 게 공부라고 생각하고, 영화를 보고 글을 쓰는 게 제 일이라고 생각하기 때문에 아주 많은 영화를 봅니다. 근데, 영화를 많이 보다 보면 자연스럽게 안목이라는 게 생겨나요. 프랑스 레스토랑도 처음 한두 번 가 봤을 땐 그냥 "뭐 이런 걸 먹지? 이 음식은 또 왜 이래?" 그러잖아요. 하지만 프랑스 레스토랑을 백 곳쯤 가본다면 프랑스 요리에 대한 안목이 생길 수밖에 없어요. 자신도 모르게 이전에 먹어 본 요리와 비교해 보고 분석해 보며 점차 더 깊이 알게 될 테니까요. 평론가는 대중에 비해 훨씬 많은 영화를 보고, 그 영화에 대해 생각하고, 분석했기 때문에 나름의 안목이 생겨난 사람들이에요. 하지만, 대중은 이 정도까지 영화를 많이 볼 일이 드물죠.

그 말씀은 마치 평론가가 영화를 보는 건 일반 대중이 보는 것과는 다르다는 말처럼 들려요. 공부하듯이 영화를 보면, 영화의 재미를 느끼기는 오히려 어려워지지 않을까요? 영화를 잘 즐기지 못하면서 영화의 즐거움을 이야기한다는 건 조금 이상하다고 생각합니다.

라이너 얼마 전에 제가 홍상수 감독의 *<강원도의 힘>1998*이라는 영화를 다시 봤어요. 다시 봐도 너무 재미있더라고요. 그런데, 제가 이 영화에 대해 '저는 이 영화가 너무너무 재미있었고, 정말 뛰어난 작품이라고 생각합니다.'라는 요지의 글을 쓰면, 아마 이런 이야기가 나올 거예요. "쟤 또 잘난 척하네, 난 척하려고 재미없는 걸 재미있다고 하네."

제가 한 비평 중에서 대중에게 가장 좋은 반응을 받은 건 보통 '대중적이면서 잘 만든 작품'이 대상이었던 것 같아요. 마블 영화 같은 게 그렇죠. 그런 작품에 대해 글을 쓰고, 이게 왜 훌륭한지를 적어 놓으면 다들 굉장히 공감하면서 좋아해요. 하지만 사람들이 잘 안 보는 작품 있잖아요? 소위 '어려운 영화'라고들 하는 작품. 그런 영화의 훌륭한 점에 대해 글을 쓰면, 외면해요. 앞서 잠깐 말했듯, 뭐 그리 머리 아프게 영화를 보냐고, "평론가로서, 일로써 영화를 보면 영화를 즐기지 못하는 거 아니냐?" 하는 질문을 많이 받는데, 전혀 그렇지 않습니다. 많은 분이 '별다른 스트레스를 받지 않고 영화를 보는 것이 영화를 즐기는 것'이라고 생각하실 텐데, 저는 동의하지 않아요.

평론가는 영화를 훨씬 더 재미있게 볼 수 있습니다. 왜냐면 대중보다 더 많은 것들을 영화에서 포착할 수 있기 때문인데요. 비유하자면 이래요. 축구 경기를 예를 들어보죠. 축구는 재밌잖아요?

축구를 알든, 잘 모르든 모두가 즐길 수 있을 겁니다. 하지만 이렇게 생각해 보죠. 축구를 전혀 모르는 사람이 손흥민 선수의 토트넘 경기를 보는 것과, 축구에 대해서 아주 잘 알고, 손흥민 선수의 지난 경기에 대해서 많은 정보를 알고 있으며, 토트넘 선수들에 대한 대부분의 정보, 각 선수들의 장점과 단점, 이적 시장에서 있었던 이슈들, 감독이 즐겨 사용하는 전술과 이 팀이 이번 시즌에서 주목하고 있는 방향, 리그 전체의 흐름과 분위기, 경기에서 실제로 발휘되는 전술적 경향과 상대하는 팀들에 대한 이해를 모두 갖춘 사람이 손흥민 선수의 경기를 보는 것. 둘 중 어느 경우에 축구 경기를 더 재미있게 볼 수 있을까요?

영화도 마찬가지입니다. 더 많이 알면 알수록 더 재미있게 볼 수 있어요. 쉽게 말해, 평론가들은 진정으로 영화를 만끽하고 즐기는 사람들이죠. 부러우시다면, 영화 공부를 해 보시라고 말씀드리고 싶네요. (웃음)

전찬일 즐긴다는 표현이 딱 맞아요. 정말로 평론가에겐 영화에서 즐길 수 있는 지점이나 요소가 훨씬 많아요. 대중에게 난해하거나 어렵다는 평가를 받는 영화들이 꽤 있잖아요? 근데, 저는 그런 영화에 난해하다는 표현 자체를 잘 안 써요. 대신 이렇게 말하지. "이야, 이거 굉장히 머리를 많이 쓰게 하네?"

평론가는 재미의 함의가 훨씬 넓어요. 홍상수 감독의 영화에 부정적인 대중 중 대다수가 '재미가 없어서' 그 영화를 별로라고 평가하잖아요. 충분히 그렇게 느낄 수 있어요. 홍상수표 영화는 딱히 감각적 자극이나 정서적 울림을 주는 영화가 아니니까요. 홍 감독 영화 중엔 동일한 내러티브를 반복해서 보여 주고, 그 사이에 디테일한 변주를 주는 경우가 많아요. 그러니까 내러티브를 주로 쫓아가는 관객 입장에선 '왜 비슷한 걸 자꾸 보여 주는 거야?'라는 생각이 들 수 있는 거죠.

<강원도의 힘>을 다시 보고 정말 좋았다는 라이너 이야길 듣고, 저도 하고 싶은 말이 떠올랐어요. 어떤 영화는 시간이 지나고 보면 후져지지만, 어떤 영화는 십 년, 이십 년이 지나고 보면 더 좋아지는 것 같다는 말이요. 한 번 본 영화를 시간이 지나 다시 보면, 안 보였던 게 보이게 돼요.

최근 <해운대2009>와 <도둑들2012>을 다시 봤는데, 십 년이 넘는 시차를 두고 다시 보니 얼마나 흥미롭던지! 처음 <도둑들>을 봤을 땐 김혜수 배우의 연기를 덤덤하게 봤거든요? 그런데, 이번에 보니 새삼 광채가 나는 것처럼 느껴졌어요. <해운대>는 개봉 당시에도 좋았지만 이번에 다시 보니 그 영화의 미덕들이 더 많이 보였어요.

라이너 아, 선생님…. <해운대>에 대한 평가는 너무 동의하기 어려워요. 저는 천만 관객 영화 중에서 제일 안 좋은 작품이 <7번방의 선물2012>이고, 그다음이 <해운대>라고 생각하거든요.

전찬일 여기서 이렇게 평론가끼리 평가가 갈리는 사례를 보여 주네. 저는 그 영화를 천만 관객 영화 중 TOP10 안에 꼽을 정도로 좋게 봤어요.

라이너 선생님과 제 평가가 확실하게 다른 작품이 또 있어요. 나홍진 감독의 <곡성2016>이에요. 저는 그 영화를 굉장히 좋은 작품이라고 생각합니다. 영화가 보여 주는 어떤 에너지라든지, '사람은 믿고 싶은 것만 믿는다. 그리고 믿음으로써 실체가 된다.'라는 난해할 수 있는 개념을 영화적으로 표현했다는 점 같은 게 대단히 훌륭하고 멋지다고 생각하거든요. 특히 마지막에 나오는 대사들이 정말 좋았어요. 상당히 많은 의미를 함축하고 있는 대사들이죠. 반면 전찬일 선생님은 이 영화를 '정리가 되지 않은 영화'라고 평가하셨어요. 이 평가를 처음 들었을 때, 전 동의를 할 수가 없었어요. 반발심까지 들었다니까요. '이렇게 정리가 잘 된 영화가 어디 있다고. 뒷부분에 군이 설명까지 넣어 가며 친절하게 마무리해 주는데, 왜 저렇게 말씀하시는 거지?'

근데, 무슨 이유로 그렇게 말씀하셨을지 곰곰이 생각해 보니 그렇게 평할 만한 부분들도 있겠더라고요. 이런 게 바로 '어떤 것에 더 가치를 두고 평가하려고 하는가.'에 따라 생기는 근본적인 차이인 것 같아요. 하지만 이렇게 평가가 명확하게 갈리는 건 문제작들 위주고, 어느 정도 수준까지는 평론가끼리 비슷한 평가를 하게 돼요. 그럴 수밖에 없는 게, 어떤 예술이든 어느 정도 수준까지는 구별이 되니까요. 작품 하나하나 우열을 가리거나 등수를 매기는 건 어려울 수도 있지만, 일정 수준까지는 좋은 작품인지 아닌지 정도가 구별된다는 거죠. 그런데, 가끔은 이렇게 황당한 일도 생겨요. 선생님이 <해운대>를 좋은 작품이라고 말하는 일이 그렇죠.

전찬일 <해운대>를 제가 좋아했던 이유, 다시 보고 나서 더 좋게 느낀 이유에 관해 이야기를 좀 해 봐야겠네요. 저는 그 영화에서 갈등을 해결하는 방식이 참 좋았어요. 주인공 만식(설경구)은 작은 아버지(송재호)와 갈등을 겪는 인물이에요. 그런데 재난이 일어나 목숨이 위태로운 상황이 되자 작은 아버지가 만식을 구하고 죽어요. 전혀 예상하기 어려운 설정이었죠.

저는 이런 설정을 통해 둘을 화해시키는 방식에 정말 감탄했어요. 왜냐하면, 그걸 화해시키지 않고도 그냥 이야기를 끝내 버릴 수도 있거든요. 그런데도 그 둘을 화해시키며 매듭을 짓고 새로운 가능성을 제시하는 방식이 이번에 보니 새삼스럽게 보이고 참 좋더라고요. 그리고, 형식(이민기)과 희미(강예원)의 에피소드도 다 재미있었어요. 라이너가 알레르기 반응을 일으키는 '신파'도, 저는 어느 정도 필요한 수준의 신파인 것 같다고 느꼈고요. 하지만, 제가 좋게 본 이런 부분들도 다 별로라고 하면, 뭐, 그럴 수 있는 거죠.

<곡성> 이야기도 나왔으니 말해 보자면, 잘 모르면서 아는 척하고 영화를 만드는 경우가 종종 있어요. 아는 척만 하느라 작품에 구멍이 숭숭 났는데도, 잘 모르니까 그걸 그냥 넘어가는 거예요. 저는 <곡성>도 그런 영화라고 봤어요. 영화 안에서 논리적으로 설명되지 않는 부분들이 대단한 의도적 장치 같은 게 아니라, 그냥 못 만들어서 그렇게 된 것 같다는 거죠. 그런데, 또 몰라요. <곡성>도 나중에 다시 보면, 이전에 미처 보지 못한 걸 발견하게 될 수도 있지.

그 영화는 정말 평론가 사이에서도 의견이 많이 갈린 영화였어요. 별점을 다섯 개 준 평론가도 있고, 저처럼 "정리 안 된 영화다." 라며 넘긴 평론가도 있었죠. 라이너 말대로 어느 수준까지는 평론가끼리 평가가 통하는 작품들이 있어요. <살인의 추억2003> 같은 영화가 그렇죠. 하지만, 대다수가 좋게 평가하는 영화를 거품

물고 까는 평론가도 있기 마련이에요. <비트1997> 같은 경우에는 평론가 대부분이 극찬했지만, 저는 별 한 개 반(4점 만점)을 주며 신랄하게 깠죠.

대다수와 의견이 다른 평론이라고 해서, 그게 틀렸냐 하면, 그렇게 말할 순 없는 거예요. 앞서 계속 말했듯, 비평은 맞고 틀렸다고 할 게 아니라 그냥 다른 거니까. 비평의 방법론이 다르면 이런 일이 생길 수 있어요. 방법론은 지향과 취향, 그리고 문제의식이 종합되어서 나오는 거고 그건 사람마다 다를 수 있는 거니까요.

라이너 저는 선생님이 <해운대>에서 좋다고 말씀하신 그 장면들이 굉장히 끔찍하게 느껴졌어요. 그래서 그 영화를 칭찬하시는 선생님의 모습을 보면, '대체 어떻게…?'라는 생각까지 들어요. <해운대>는 인터넷 여론에서도 '졸작 영화'라는 낙인이 찍혀 있잖아요? 그중에는 "저 평론가는 안목이 없다."는 식으로 이야기를 하는 사람도 있겠죠. 하지만, 저는 그건 좀 아니라고 봐요.

아무리 동의하기 어려운 비평이라 해도, 비평은 이런 생각으로 바라봐야 한다고 생각하거든요. '저 평론가는 굉장히 독특한 해석을 하네. 저 장면은 모두가 비웃던 장면인데, 저 장면에서도 의미를 찾을 수 있다는 건가?'라고요.

선생님은 정말 독특한 시각으로 그 영화를 바라봐 주시죠. 저는 몇 번을 들어도 선생님의 <해운대> 평가를 이해하기 어렵습니다만, 그래도 이렇게 생각하거든요. '내가 수준 이하라고 생각한 부분에서도 뭔가를 찾아낼 수 있다면, 내가 그 시선을 배워 보려고 해야 하는 건 아닌가?'라고요.

전찬일   저는 안목이 없다는 평가 같은 것에 별로 연연하지 않아요. 누
         군가에게 좋은 평가를 얻기 위해서나 다수의 인기를 얻기 위해
         서 평론하는 건 아니니까. 저는 가이드로서, 문제 제기자로서,
         준 역사 기록자로서, 누가 뭐래도 "나는 이렇게 봤다."라고 계속
         던지는 게 중요하다고 생각해요.

보통 관객은 영화제나 시상식에서 상을 탄 영화를 잘 만든 영화라고
생각합니다. 저도 그렇고요. 하지만 '그렇게 뛰어난 것 같진 않았는데,
어떻게 저 영화가 최고상을 탔지?'라고 생각한 적도 많아요. '왜 저 영
화는 상을 타지 못했을까?'라는 의문이 생긴 적도 있었죠. 이런 일도
대중과 전문가의 관점이 다르기 때문에 생기는 걸까요?

전찬일   영화제에서 상을 받았다 해서 최고의 영화라 할 순 없어요. 최
         고의 영화가 최고의 상을 받는 건 아니거든요. 영화제 시상에도
         취향과 지향의 논리가 적용돼요. 수상작은 심사위원의 취향과
         지향에 따라 결정되는 거니까요. 2022년 칸 영화제에서는 <*헤어
         질 결심*2021>이 감독상을, <*슬픔의 삼각형*2022>이 황금종려상* 을
         받았어요. 그러면 <*헤어질 결심*>이 <*슬픔의 삼각형*>보다 떨어지는
         영화일까요?
         영화적 수준에서 보면, <*헤어질 결심*>이 단연코 더 뛰어난 작품
         이에요. 그런데 왜 <*헤어질 결심*>이 아니라 <*슬픔의 삼각형*>이 황금
         종려상을 받았을까요? 심사위원들의 취향과 지향에 더 가닿은
         영화가 그 작품이었기 때문이겠죠.
         21세기 들어, 개인적이고 미시적인 주제를 다룬 영화보다 거시

적인 관점에서 큰 주제 의식을 다루는 영화가 영화제에서 선호
되는 추세거든요. 그런데 <*헤어질 결심*>은 흔하게 보기 힘든 두
남녀의 특별한 사랑 이야기예요. 굉장히 개인적인 차원의 이야
기라는 거죠. 반면에 <*슬픔의 삼각형*>은 <*기생충*2019>처럼 어떤
문제의식을 다룬 영화예요. 신자유주의 문제라든지, 빈부격차
문제라든지, SNS 문제라든지…. 이런 사회 문제를 굉장히 통렬
하면서도 오락적으로 잘 풀어냈어요. 그래서 그 영화가 황금종
려상을 탄 거예요.

라이너 그리고 유명한 영화제나 시상식이라고 해서 다 공신력이 있는
것도 아닙니다. 대중에게 많이 알려진 게 칸 영화제와 아카데미
시상식(오스카)일 텐데요. 저는 이 둘 사이에 큰 차이가 있다고
봐요. 칸 영화제에는 기조, 시선, 선정 이유 같은 게 명백하게
존재해요. 수상작을 보면 심사위원들이 어떤 경향을 가지고 어
떤 방향으로 나아가려고 하는지가 대강 보인단 말이에요. 그런
데, 아카데미엔 그런 게 없어요. 아주 수준이 낮은 시상식이죠.
2022년에 최고상인 작품상을 <*코다*2021>에 줬다는 것만 봐도
알 수 있잖아요.

<*코다*>는 괜찮은 영화지만, 전형적인 할리우드 방식 시나리오
를 가지고 만든 영화예요. 훨씬 더 뛰어난 작품인 <*파워 오브 도
그*2021>가 있는데도, <*코다*>에 작품상을 줬다는 점에서 아카데
미의 수준이 드러나는 거죠. 2019년엔 알폰소 쿠아론 감독의
<*로마*2018>가 있었는데도, <*그린북*2018>이 작품상을 받아 논란
이 됐죠. 작품상이 정말 '좋은 작품'에 주는 거라면, <*로마*>와 <*파
워 오브 도그*>에 작품상을 주어야 했는데, 그러지 않았어요.

아카데미는 할리우드가 좋아하는 편하고 대중적인 이야기, 전형적인 이야기를 꾸준히 수상작으로 선택해 왔어요. 국제적인 영화상이 아니라 미국 내의 시상식에 불과하다 보니, 자기들끼리 상을 주고받는 일도 많았고요. 아카데미에서 봉준호 감독이 <기생충>으로 4관왕을 하고, 윤여정 배우가 <미나리2020>로 여우조연상을 받는 걸 보고, 아카데미의 경향성이 변화하고 있다고 판단하는 사람도 있죠. 그런데 저는 아카데미에서 한국 영화, 한국 배우가 약진하는 현상이 그저 잠시 잠깐의 유행에 불과한 것 같아요. 아시아 영화와 배우를 끼워주고, 근사한 척하는 그들 사이의 유행이요.

물론, 우리가 콘텐츠를 잘 만들긴 해요. 우리 콘텐츠에 힘이 있는 것도 사실입니다. 하지만 그들이 정말 우리 콘텐츠의 뛰어난 점을 제대로 파악해서 평가하는 건지는 잘 모르겠어요. 그냥 요즘 자기네 영화들이 대부분 식상하니까 새로운 소스를 우리 콘텐츠에서 가져다 쓰며 PC*한 척하는 것 같달까. 전 얼마 가지 않아 미국 영화제와 시상식에서 다시 아시아인들이 보이지 않게 될 가능성이 크다고 봐요.

어째서 그렇게 된다고 생각하세요?

라이너　흑인들이 노예에서 해방되고, <블랙 팬서2018>라는 영화가 나오기까지 미국에서는 백 년이라는 시간이 필요했죠. 그런데 지금도 여전히 미국에서는 아시아 혐오가 만연하잖아요. 이런 기조를 고려해 봤을 때, 아직까진 한국인을 주인공으로 하거나 한국

---

* Political Correctness(직역하면 정치적 올바름)의 약자. 언어 사용이나 행동에 차별과 편견이 포함되지 않도록 하고자 하는 태도를 의미한다.

배우만 등장하는 할리우드 영화 같은 건 상상하기 어려워요. 그래서 전 이 유행이 오래가지 않을 거라 봅니다. 이 유행이 지나면 다시 또 이전처럼 미국인들끼리 상을 주고받을 것 같아요.

전찬일 대체로 라이너의 의견에 동의하지만, 동의하지 않는 부분도 있어요. 저는 한류를 단순한 유행으로 보진 않아요. 그리고 라이너가 예상하는 것보다 훨씬 더 오래갈 것이라고 봅니다. 한류는 이제 단순한 유행을 넘어섰어요. 문명사적 흐름에 포함해도 지나치지 않다고 생각합니다. 유행이라 하면 십 년 이내에 끝나야 하거든요? 근데 한류는 이미 이십 년 넘게 세계적으로 영향을 주고 있어요. 그럴 수 있는 결정적 이유는 세계관 또는 메시지의 차이고요.

한국 영화는 서구가 여태까지 중시했던 근본적 메시지와는 전혀 다른 메시지를 다룹니다. 저는 이게 적어도 수십 년은 더 지속될 거라고 봐요. 일전에 언급했듯, 21세기에 접어들면서 융합의 시대가 도래했고, 큰 주제 의식의 이야기가 각광받는단 말이죠. 시대가 요구하는 바와 한국 영화가 던지는 메시지가 잘 맞아떨어지고 있기 때문에 저는 앞으로도 한류가 꽤나 오랫동안 세계에 통할 거라고 봅니다.

라이너 저는 서구가 한국을 바라보는 방식도 지적하고 싶어요. 저는 서구가 아직도 아시아를 존중하지 않는다고 생각해요. 자기들이 갖지 못한 것들을 취하기 위해 **오리엔탈리즘**Orientalism* 을 하니까요. 그건 곡해예요. 자기들이 철저하게 지식적으로, 문명적으로,

---

* 동양에 관한 서구의 왜곡된 인식, 편견, 태도를 의미한다.

문화 예술적으로 다 우위에 있다고 생각하면서 아시아를 자기들이 가지지 못한 대안을 제시하는 도구적 존재로 바라보는데, 저는 그게 폭력적이라고 느껴지기까지 해요. 한국 영화가 새롭고 좋다고 평가하면서도, 그 기저엔 한국을 내려다보는 시선이 있는 것 같습니다.

전찬일   시간이 좀 필요할 거예요. 서구가 지금까지는 그런 시선을 유지할 수 있었을지 몰라도, 이제는 바뀔 수밖에 없을 겁니다. 21세기를 대표하는 개념 중 하나가 '융합'인데, 이게 지금 세계의 질서를 좌우하는 개념이거든요. 이러한 종합적 개념이 세계 질서에 작용하기 시작한 이상, 서구가 계속 우위를 점하며 그런 시선을 유지하긴 힘들어요.

생각해 보세요. '현재 미국의 위상이 예전과 같은가?'라고요. 아니거든요. 미국이 강대국이라고 생각하는 사람은 여전히 많지만, 그래도 예전만큼 압도적으로 막강한 국가라고 여기는 사람은 거의 없어요. 서구도 아마 당황스러울 겁니다. 시대가 정말 달라지고 있고, 세계의 무게중심도 바뀌고 있으니까요. 그렇기 때문에 저는 시간을 두고 지켜볼 필요가 있다고 생각합니다.

흥행의 쟁점

영화가
관객을
선택한다

이번에는 소위 'B급 영화'라 불리는 영화 이야기를 나누어 보고 싶습니다. 'B급 영화'라고 하면, 보통 'A급'에 비해 떨어지는, 만듦새가 조악하거나 예술성이 없는 영화를 연상하죠. 실제로 여태까지는 B급 영화가 흥행하는 경우도 드문 편이기도 했고요. 그런데, 요즘은 막상 'B급 영화'라고 하는 영화를 봐도 꼭 그런 것 같진 않거든요. 평론가가 영화를 'B급'이다, 'B급'이 아니다라고 분류하는 기준은 뭔가요?

라이너   전찬일 선생님께서 더 잘 아시겠지만, 제가 설명할 수 있는 선에서 먼저 설명을 좀 해 볼게요. 'B급 영화'는 1940년대 미국 영화계에서 처음 나온 말이에요. 당시에는 예산 규모에 따라 A급과 B급을 구분했거든요. 저예산 영화들을 B급 영화라고 불렀죠. 그리고 그때까지는 말 그대로 'A급'에 비해 질적으로 떨어지는 영화를 의미하는 용어로 쓰였어요. 하지만 지금의 용례는 조금 다르죠. 쿠엔틴 타란티노 감독의 <킬 빌2003>을 전형적인 B급 영화라고 하는데, 그 영화가 질적으로 떨어지거나 예술성이 없는 영화인가요? 아니잖아요. 감독이 추구하는 취향이 B급에 닿아 있기 때문에 B급 영화라 하는 거예요. 이제는 정서적인 측면에서 그렇게 분류한다고 생각하시면 될 것 같습니다.

전찬일 라이너가 설명을 아주 잘해 줬어요. B급 영화는 정서가 지향하는 바가 B급일 뿐, 웰메이드인 경우도 많아요. 박찬욱 감독의 영화들이 대체로 그렇죠. 제가 박찬욱 감독과 봉준호 감독에 관해 설명할 때 하는 말이 있어요. "봉준호는 A급 정서를 A급으로 만드는 감독이고, 박찬욱은 B급 정서를 A급으로 만드는 감독이다." 최근작 <헤어질 결심>은 A급이지만, 그전까지 박찬욱 감독 영화는 정서가 대부분 B급이었어요. B급 정서의 영화라서 대중에겐 상대적으로 소구력이 떨어졌던 거고, 그걸 A급으로 만들었기 때문에 평론가들에겐 인정을 받아왔던 거예요. 라이너가 말한 쿠엔틴 타란티노도 B급 정서를 A급으로 잘 만들어 내는 감독 중 한 사람이죠. <노바디즈 히어로2022>를 만든 알랭 기로디 감독도 비슷한 맥락에서 아주 탁월한 감독이고요.

그러니까, 어떤 관객을 대상으로 영화를 만들지는 전적으로 감독에 달려 있다는 얘기군요. 관객이 영화를 선택하는 게 아니라 영화가 관객을 먼저 선택한다는 느낌이라 제게는 무척 놀랍게 느껴집니다. 하지만 모든 예술은 다 수용자를 전제로 하니까 납득이 가기도 하네요.

전찬일 잠깐 언급했듯, B급 영화는 대중이 즐기기 어렵습니다. 대중적인 주류 화법을 쓰지 않거든요. 영화가 성공을 거두기 위해서는 관객을 몰입시켜야 해요. 하지만 B급 영화는 오히려 몰입을 방해하거나 차단시키는 경향이 있어요. 거리를 두고 비판적으로 성찰해 보게 만들죠. 영화의 목표 자체가 '대중적으로 성공을 거두는 것'이냐, '거리 두기를 통해 비판적 성찰을 하게 만드는 것이냐'에서부터 큰 차이가 있는 거예요.

박찬욱 감독 영화를 예로 들어 볼까요? <헤어질 결심> 이전까지 박찬욱 감독의 작품을 보면, 일반적인 정서를 비틀어 버리는 경우가 많아요. 웃긴 장면이 있어도 좀 웃어 볼라치면 갑자기 썰렁하게 만들어 버리고, 슬픈 장면에 몰입해서 눈물을 좀 흘려 볼라치면 눈물이 쏙 들어가게 비틀어 버리죠. A급 영화는 슬프면 슬픈 대로, 웃기면 웃긴 대로 관객이 그 감정을 만끽하게 만들지만, B급은 그걸 막 비틀어요.

그런데 이런 점에 매력을 느끼고 열광하는 이들도 있어요. 그래서 B급 영화 중에서 특별한 사랑을 받는 영화는 컬트 영화가 되기도 합니다. 아, 여기서 컬트 영화는 대중 관객들로부턴 외면을 받아도, 소수에겐 열렬한 지지를 받는 영화를 의미하는 거예요.

그런데, 잘 만든 B급 영화가 있다면 못 만든 B급 영화도 있지 않을까요? 너무 못 만들어서 소수의 관객에게도 매력을 주지 못하는 영화 말이죠. 지금까지 'A급으로 만든 B급 영화' 이야기를 해주셨지만, B급 정서를 가지고 B급이나 C급으로 만든 영화도 있을 것 같은데요.

라이너   망작계의 슈퍼스타, <클레멘타인2004>을 예로 들 수 있겠네요.

전찬일   아니, 그 영화에 B급 정서라고 볼 만한 요소가 있나?

라이너   그럼요. 선택적으로 등장하는 사투리, 아빠를 '제왕님'이라 부르는 딸, 게임 스트리트 파이터의 캐릭터를 적당히 베낀 듯한 지하 격투장 선수들, 지존의 자리를 놓고 펼치는 태권도 기술 등 그 영화 안에는 묘한 B급 요소가 정말 많아요. 게다가 그냥 "못 만든 영화다."라고도 말하기 어려울 정도로 영화가 엉망진창이라, 망작 중의 망작으로 꼽히죠. 그런데, 우리나라에서는 B급 정서의 영화가 워낙 잘 안 나와요.

B급 영화는 일본에서 정말 많이 만듭니다. '특촬물(특수촬영물)' 시장이라는 게 존재할 정도로 저예산 B급 영화를 많이 만들죠. 일본에는 괴수물이나 B급 코미디, B급 공포 영화 같은 게 수두룩합니다. 대부분 돈을 적게 들인 작품들이라 만듦새가 좋지 못한데, 그런 영화들도 'B급 정서를 B급으로 만든' 사례로 볼 수 있겠네요. 하지만 일본의 B급 영화에도 마니아는 있어요. 심지어는 일본 특유의 B급 영화에 영향을 받은 감독들도 많죠. *<킬 빌>*도 그런 영향을 받은 영화 중 하나고요.

'망작' 이야기가 나온 김에 이어서 진행해 보고 싶은 이야기가 있는데요, 평론가는 어떤 기준으로 망작을 평가하는지 궁금합니다.

전찬일   망작 영화는 라이너가 전문인데…. 망작 까기 전문인 라이너가 한국 천만 관객 영화 중에서 손에 꼽을 만큼 별로라고 평가하는 영화가 *<7번방의 선물>*이잖아요? 제가 그 작품을 얼마 전에 다시 봤는데, 계속 '라이너는 왜 그렇게까지 이 영화를 나쁘다고 이야기하는 걸까?'라는 질문을 던지면서 봤어요. 그런데, 아직도 잘 모르겠어요.

저도 그 영화에 조금 억지스럽고 엉성한 부분이 있다는 건 인정해요. 설정이 정말 엉망이거든. 어떻게 감옥 시스템이 그렇게 엉성하답니까? 설득력이 떨어지는 그런 극적 설정들이 많은 건 보면서 저도 정말 안타까웠어요. 하지만, 그런 부분 때문에 이 영화가 가지고 있는 덕목을 하나도 인정하지 않는 게 과연 올바르냐 하면, 저는 그렇진 않다고 봐요.

예를 들자면, 어떤 덕목들인가요?

전찬일 제가 그 영화에서 어떤 점을 좋게 봤냐면, 일단은 연기예요. 갈소원 배우와 류승룡 배우의 연기요. 사실 저는 류승룡 배우 연기를 보고 크게 감동한 적이 없는데, *<7번방의 선물>*에서의 연기는 굉장히 마음에 와닿더라고요. 그 연기를 하기 위해 배우가 얼마나 노력을 많이 했는지가 느껴졌어요. 그리고, 감방 메이트들끼리의 궁합도 참 좋았고요. 이렇게 좋은 부분들도 있었기 때문에, 저는 '이 영화에도 칭찬할 거리는 있겠다.'라고 생각했어요. 저는 이런 엉성한 설정의 영화에서도 좋은 부분을 찾고, 인정해 주는 편이에요.

그런데, 오히려 많은 평론가가 인정해 주는 영화를 강하게 비판하는 경우가 제게는 종종 있어요. 그 예 중 하나가 *<브로커2022>* 예요. 제가 그 영화의 음악에 정말 크게 실망했거든요. *<브로커>*의 음악 감독이 정재일 감독인데요. 저는 *<기생충>*에서 들려준 그의 음악에 정말 감동했고, 기대했단 말이에요. 그런데, *<브로커>*에 나오는 음악은 정말 듣기 힘들었어요. 너무 기계적이고 도식적이었거든요.

영화 음악은 영화의 드라마에 묻어가야 합니다. 그런데 그 영화 속에선 음악이 영 따로 논다는 느낌이 강하게 들었어요.

영화의 다른 부분은 좋았지만, 기대한 만큼 정말 많이 실망스러운 부분이 있었기 때문에 저는 그 부분을 강하게 비판한 거예요. 제 기준에서는 그 영화의 음악이 정말 '망작스러운' 실망감을 안겨준 거죠. 하지만, 그렇다고 해서 <브로커>를 망작이라곤 하지 않습니다. 영화의 일부분이 별로라고 해서 망작이라고 할 순 없으니까. 망작은 정말 종합적으로, 모든 부분이 별로인 영화를 가리켜요.

라이너 선생님이 언급하셨으니, 저도 <7번방의 선물>을 주제로 이야기를 시작해 볼까 합니다. 그 작품, 굉장히 형편없죠. 그런 영화는 서사보다 서정을 중시하는 영화인데, 그래서 문제가 참 많아요. 일단, 여섯 살 지능을 가진 주인공이 사형을 선고받는다는 것부터가 말이 안돼요. 현행법상 그런 이야기는 있을 수가 없어요. 그런데, 그 영화엔 그런 불가능한 일을 가능하게 만드는 설정이 정말 수두룩해요. 하지만 제가 그 영화를 '천만 관객 영화 중에서 제일 나쁜 영화'라고 꼽는 이유가 꼭 그것 때문만은 아닙니다. 결정적 이유는 '신파' 때문이죠.

감동의 코드

신파에도
수준이 있다

전찬일 선생님께서 "라이너는 신파에 알레르기 반응을 보인다."라고
도 하셨는데, 정말 라이너 선생님은 신파를 싫어하시는 것 같아요. 왜
그렇게까지 신파를 싫어하세요?

라이너   예를 들어 윤제균 감독과 JK필름*은 많은 작품을 만들었고, 그
중에는 <색즉시공2022> 같은 좋은 작품도 있긴 했죠. 사백만이 넘
는 관객 동원으로 흥행 면에서도 대단하고요. 하지만 저는 윤제
균 감독이 한국 영화계에 독을 풀었다고 생각합니다. '코미디와
신파의 조합'이라는 독이요. 이들은 '대중에겐 이게 통하고, 이
걸로 성공할 수 있다.'는 걸 증명했어요. 신파의 성공은 과거에도
존재했어요. 선생님도 잘 아시겠지만, 60년대 후반에는 일 년에
이백여 편의 신파 영화가 쏟아져 나왔습니다. 신파 영화의 전성
기였죠. 그때는 평론가들이 신파를 비판하면, 대중이 역정을 냈

---

*   윤제균 감독이 이끄는 영화 제작사. CJ ENM의 자회사이다.

습니다. "우리가 좋다는데 왜 이걸 비판해? 너희가 많이 배웠다고 잘난 척하는 거냐?" 하면서요.

요즘 상황도 비슷할 텐데, 그럼에도 저는 신파가 독이고, 정말 잘못된 것이라고 생각합니다. 이 신파 코드가 애초에 어디서부터 시작이 된 거냐면, 일본이에요. 신파라는 말부터가 일본의 '신파극'에서 따온 거거든요. 일제 강점기 때, 일본이 문화 말살 정책 같은 걸 했잖아요? 그때는 일제가 승인한 극만 무대에 올릴 수 있었으니까 다른 건 올리지 못했어요. 신파극만 할 수 있었죠.

일제의 탄압이 극심해지면서부턴 친일 신파극만 남게 되었어요. 반민족주의적인 형태를 띠게 된 거예요. 그러다 광복 이후, 어느 정도 친일 청산이 이뤄지면서 신파극을 하던 사람들은 거의 날아갔어요. 하지만 신파는 사라지지 않았죠. 사라져야 할 것임에도 불구하고 그 정서가 음악으로 계속 흘렀거든요. 구슬픈 **엔카*** 와 트로트가 합쳐져서요. '홍도야 우지마라' 같은 음악이 그 예죠. 그렇게 살아남은 신파 정서가 60년대 신파 영화로 부활한 거고요.

60년대 신파 영화는 감정 소모를 위해 보는 거였고, 그런 만큼 스토리도 뻔했어요. 포스터만 봐도 예상할 수 있었죠. 가족을 위해 열심히 사는 이야기, 사회생활을 하며 겪는 고충, 생활의 어려움 등 당대의 지지고 볶는 이야기로 '관객을 울리기 위해' 영화를 만들었고, 영화를 보고 나온 사람들은 '개운해졌다, 위로받았다.'라고 느꼈어요. 영화를 보는 동안 감정 소비를 실컷 했으니까요.

---

* 일본에서 메이지 시대 이후 유행하기 시작한 대중 음악 장르로, 대개 통속적이고 구슬픈 가사와 선율을 가지고 있다.

신파극의 역사에 그런 시대적 배경이 있었군요. 하지만 결국 대중이 좋아하니까 신파도 유행한 거 아닐까요? 일종의 시대적 흐름처럼 말이죠.

라이너   전 이런 코드가 문화가 발전하기 이전의 코드라고 봐요. 우리가 흔히 '인도 영화' 하면 떠올리는 발리우드 영화들 있잖아요? 춤과 노래가 끊이지 않는 영화들이요. 그 영화들을 마살라 영화라고 하는데, 우리나라 신파극과 굉장히 유사했어요. 통속극이라는 점에서요. 대신, 마살라 영화는 훨씬 더 전형적인 형식을 갖고 있었죠. 2010년 이후로는 인도 영화도 많이 바뀌었기 때문에 제가 지금 하는 설명은 그 이전의 마살라 영화 이야기예요.

당시 인도에서는 영화가 나올 때 세 가지 요소가 충족되어야 흥행했어요. 남자 배우가 **3대 칸*** 중 한 명이어야 하고, 춤과 노래가 있어야 하고, 주인공이 늘 승리해야 했죠. 이런 형식을 갖춘 영화에서는 눈물 흘리는 장면이 정말 많았어요. 그리고 툭하면 춤과 노래가 나왔죠. 사람들은 주인공이 고난과 역경을 이겨내 통쾌하게 승리하고 자축하는 그런 통속극을 보며 인생의 위안을 얻었어요. 삶이 너무 힘들었으니까요. 그렇게 신파를 기반으로 한 '해피엔딩'과 '판타지'가 팔리니까, 그런 영화들이 계속 나왔던 거고요.

인도는 문화가 발전하면서 마살라 영화도 많이 바뀌었고, 지금도 계속 바뀌고 있는데 우리나라에서는 여전히 신파가 흥행하고 있어요. 그런데 우리나라에서 신파가 흥행하던 흐름이 60년대부터 끊어지지 않고 계속되었던 건 아니에요. 80년대 들어서는

---

*   인도 영화계를 대표하는 남자 배우 '아미르 칸, 샤룩 칸, 살만 칸' 세 사람을 가리킨다. 인도에서 흥행 보증 수표 역할을 하는 배우들이다.

조금 잠잠해졌었거든요. 그런데, 90년대 후반 들어 신파가 재유행했어요. <국화꽃 향기2003> 같은 영화가 나오면서, 한창 '시한부'라는 소재가 인기를 끌었죠. 그러다 2000년대 들어 그런 분위기가 많이 없어지고 있었는데, <7번방의 선물>이 시대를 역행한 거예요.

그렇게 역행한 현상도 결국 대중의 선택 때문이라고 생각할 수 있잖아요.

라이너   제가 신파에 문제가 있다고 하는 데는 신파가 '일제의 잔재이고, 감정 소모를 목적으로 하는 것이기 때문'이라는 이유도 있지만, 무엇보다 신파가 '너무 쉬운 선택을 하기 때문'이에요. 신파를 보면 울 수밖에 없잖아요? 누구나 울 겁니다. 저도 <7번방의 선물>을 보며 울었어요. 자극이니까 어쩔 수 없어요. 사람을 때리면 아픈 것처럼, 신파로 작정하고 연출을 하면 눈물이 나와요. 감정이 자동으로 반응하는 거죠.

저는 신파 영화가 사람을 속이는 것이라고 봐요. 좋은 영화를 본 것처럼, 몹시 감동을 받은 것처럼, 충분히 좋은 경험을 한 것처럼 관객을 속이는 것 같다고요. 근데, 눈물을 흘렸다고 해서 그게 옳다고 할 수 있을까요? 한국 영화에서 신파를 남발하기 시작하면서, 이제 어떤 영화들은 신파를 위해 달려가게 됐어요. 신파만을 위해, 말도 안 되는 설정을 욱여넣는다는 말이에요. 그런 영화를 보면 '도대체 영화라는 게 뭐지?'라는 의문을 품을 수밖에 없게 되요. 감정을 강요하는 카메라의 움직임, 감정을 강요하는 음악들…. 그런 너무나 노골적인 형태가 저는 가학적으로 느껴지기까지 해요.

제가 비판하고 나서 욕을 많이 먹었던 작품 중 하나가 넷플릭스의 <오징어 게임(시즌 1)>인데요, 거기도 신파 장면이 나와요. 제가 그 부분을 강하게 비판했는데, 그게 워낙 많은 사람에게 잘 먹힌 장면이다 보니 욕을 많이 먹었던 것 같아요. 심지어 <오징어 게임> 속 신파는 전 세계적으로 먹혔죠. 서양 사람들은 그렇게 작정하고 연출한 신파를 처음 경험해 봤을 거예요. 서양과 동양은 이야기에 접근하는 방식에 차이가 있으니까. 신선한 충격을 받았을 거예요. '얘넨 어떻게 슬픈 장면을 이렇게까지 과격하게 표현할 수 있지?' 하고 말이죠.

저는 과격한 신파 코드를 줄여 나가야 한다고 생각하고, 신파가 한국 영화를 망치고 있다고 생각하기 때문에 신파 영화가 나올 때마다 비판해요. 하지만, 이 코드가 '통하는 코드'라는 점도 늘 염두에 두고 있어요. <신과 함께-죄와 벌2017> 같은 작품은 솔직히 영화 같지도 않잖아요? 신파로 점철해 울리려고 작정하고 만든 영화죠. 원작(웹툰)은 그렇지 않은데도 영화에선 완전히 신파를 내세웠어요. 그런데, 그 결과 세대 대통합이 되더라고요.

제가 그 영화를 보러 갔을 때 극장 안 모습이 아직도 생생하게 떠올라요. 영화관이 가득 찼는데, 영화관에서 보기 드문 연령대의 어르신들이 많아서 놀랐거든요. 온 가족이 다 같이 와서 영화를 보더라고요. 그때 신파가 모두에게 통하는 코드라는 걸 새삼 체감했습니다. 저는 신파를 '필요악'이라고 생각해요. 다양한 연령대의 많은 관객을 영화관에 끌어들이기 위한 수단인 거죠. 영화의 미래와 발전을 위해서라면 신파가 없어지는 게 맞지만, 당장 모조리 없애버려야 한다고는 말하기 어려워요.

사람을 속이는 것이라…. 그렇게 생각하니 이해가 가네요. 대중이 선택한 게 아니라, 대중이 선택하도록 강요한 것일 수도 있겠네요. 하지만 다른 시각의 이야기도 한 번 들어보고 싶습니다. 라이너 선생님의 의견에 대해, 전찬일 선생님은 어떻게 생각하세요?

전찬일 저랑 라이너가 가장 대립적인 입장을 보이는 게 이 신파에 대한 거예요. 저도 신파에 관한 라이너의 생각에 반 정도는 동의하지만, 반 정도는 동의를 못 해요. 대중물의 경우엔 소위 전문가라는 사람들이 선호하고 인정하는 것과는 다른 스타일, 내용, 방법을 취하잖아요. 그게 다 웃음, 울음, 공포 같은 카타르시스를 일으키게 하기 위한 것이죠. 그중에서 울음과 연결되는 게 신파인 거고요. 결국 대중이 대중 영화에서 얻고자 하는 게 '카타르시스를 느끼는 것'이라는 말인데, 이런 관점에서 보면 신파 영화는 성공적으로 목적을 달성하는 영화인 거예요. 울리려고 했지만 울음이 안 나오는 게 문제지, 울음을 목표로 해서 울리는 데 성공하면 그건 좋은 거 아닌가? 결국 울게 했다는 건, 공감 형성에 성공했다는 거잖아요. 우리가 대중물에서 가장 얻고 싶어 하는 게 공감 아녜요?

정말 라이너 선생님하고는 대립하는 내용이네요.

전찬일 저는 성공적인 신파엔 오히려 순기능이 있다고 주장하는 사람이에요. 그리고 영화가 큰 성공을 거두기 위해서는 웃음보다 눈물이 더 중요하다고 봐요. 왜냐면, 저는 '감동'을 무엇보다 중요한 영화적 목표라고 보거든요. 모든 감동이 눈물을 수반하는 건 아니지만, 적지 않은 감동이 눈물을 수반하기 마련이니 잘 만든 신파극은 필요하다고 생각해요. 물론, 웰메이드 신파와 엉망으로 만든 신파는 구분해야 한다고 생각합니다. 하지만, 라이너처럼 맹목적으로 "신파는 없어져야 한다, 하면 안 된다." 하면서 알레르기 반응을 일으키는 건 공감이 안돼요. 분명히 순기능을 하는 좋은 신파가 있으니까요.

저도 평론가로서 거리를 두고 바라보는 것, '크리티컬 디스턴스 Critical Distance'를 매우 중시했던 사람이에요. 그래서 예전에는 사람들이 다 좋다고 하는 <비트> 같은 작품도 열렬히 비판했죠. 그 당시 내가 대중물에서 가장 경계했던 것 중 하나가 대중물이 주는 '값싼 위안'이었어요. 그런데, 언제부터인가 이런 생각이 들더라고요. '관객, 그리고 더러는 전문가들도 대중물에서는 위안을 바란다면, 그것이 값싼 위안이라 한들 악이라 단죄할 수 있을까?'라는 생각이요. 그러면서, 신파 자체를 공격하는 건 좀 조심해야겠다고 생각하게 되었죠. 위안을 주는 방법이 쉬운 방법이라 할지라도, 어느 정도 설득력과 개연성이 있고, 잘 만들어졌다면 인정해 줘도 되지 않을까요?

제가 이런 생각을 하게 된 이후에 <미워도 다시 한번 1968>을 다시 본 적이 있어요. 그런데 그걸 보면서 흘리는 눈물이 너무 좋더라고요. 마찬가지로, <해운대>나 <7번방의 선물>을 볼 때도 그랬고요. 분명히 아쉬운 점이 있고, 그 방법론도 조금 세련되지 못한 영화들이었지만 저는 좋았어요. 그런 의미에서 저는 라이너가 비판한 JK필름도 어느 정도 옹호하는 입장이에요. 거기가 방법론적으로 촌스럽고 투박하게 영화를 만들긴 하지만, 그걸 지향하고 의도적으로 그렇게 만드는 거잖아요? 그러다 실패한 경우도 있지만, 대부분의 작품이 폭넓은 관객에게 호소하는 데 성공하고요. 그렇다면, 그 자체의 기능과 역할은 인정해 줘야 한다는 게 제 입장입니다.

<7번방의 선물>에는 억지스러운 극적 설정 이외에도 여러 문제가 많아요. 저도 압니다. 하지만, 저는 이 영화를 보고 카타르시스를 느낀 관객이 많다면 이 영화도 충분히 순기능을 가진, 즐길 만한 영화라고 평가하고 싶은 거예요.

선생님도 처음에는 신파에 대해 경계하는 입장이셨군요. 그런데 같은 신파를 두고도 이렇게 이야기가 갈리는 게 신기하긴 합니다.

전찬일 신파에 관한 라이너의 설명을 들으면서 제 나름대로 분류를 해 보았는데, 신파는 역사적 신파와 미학적 신파, 이렇게 크게 둘로 나눠 볼 수 있을 것 같아요. 역사적 신파는 일본과의 연관성에 초점을 맞춘 건데, 저도 이런 의미의 신파에는 우리가 경계해야 할 필요성이 있다고 생각해요. 하지만 제가 "좋은 신파도 있다." 라고 주장했을 때의 신파는 역사적 신파를 넘어서는 미학적 신파예요. 이 신파는 보통 장르하고 많이 연결되니 장르적 신파라고도 할 수 있겠네요. 아무튼, 이 신파에는 역사적 신파와는 조금 다른 의미의 평가가 이루어져야 할 필요가 있지 않겠나 생각합니다.

저는 한국 대중음악 중 트로트라는 장르를 딱히 좋아하지 않아요. 하지만, 임영웅이 노래를 잘한다는 건 인정하지 않을 수 없어요. 그 사람은 거의 BTS 급으로 많은 사람에게 사랑을 받고 있잖아요. 그러니까 그 사람이 제가 즐기지 않는 트로트를 부르는 가수라고 해도, 그리고 트로트라는 장르가 주는 카타르시스가 신파적이라 해도, 저는 그의 음악과 영향력을 인정한단 말이죠.

라이너가 마살라 영화 이야기를 할 때 판타지를 언급했잖아요. 근데, 그 판타지라는 게 나쁜가요? 좋은 거 아닌가? 대중 엔터테인먼트의 가장 큰 기능이 뭡니까. 현실로부터의 도피를 가능하게 해 주는 거잖아요. 그 도피가 판타지고요. 전문가라는 사람들이 주류 영화를 비판하고, 저항 영화를 지지해 온 이유가 바로 그 '도피로서의 오락에 대한 반감' 때문인데, 이런 부분은 한 번 생각해 봐야 해요. 우리가 현실을 늘 승화시킬 수 있는 건 아니라는 거.

저는 현실을 도피하는 사람이 아닙니다. 하지만, 현실 도피를 위해 대중물을 즐기는 사람이 얼마나 많습니까? 내가 안 그런다고, 내가 경계한다고 해서 실제로 그걸 원하는 대중을 싸잡아 매도할 수는 없다는 거예요. 그렇기 때문에 저는 이제 '어느 정도 거리를 두고 비판하더라도, 인정할 부분은 인정하고 가야 한다.'라는 입장입니다. 라이너도 신파의 순기능에 대해 다른 접근도 해 보고, 탄력적으로 신파를 받아들이면 좋겠어요. 그러면 라이너의 영화 보기나 비평이 조금 더 성숙해질 거예요. 그렇지만, 끝까지 신파는 인정 못 하겠다 해도 상관은 없어요. 우리가 매불쇼에서도 신파 이야기만 나왔다 하면 늘 이렇게 부딪히는데, 이건 의견 차이일 뿐이에요.

라이너 선생님이 분류하신 '역사적 신파'의 관점에서 보면, 제가 '일제의 잔재이기 때문'이라는 이유로 신파를 싫어하는 것도 맞긴 합니다. 하지만, 제가 신파를 비판하는 주된 이유는 그게 너무 패턴화된 것이고, 만들기 쉽기 때문이에요. 더 큰 문제는 신파가 관객에게 감정을 강요한다는 거고요. 신파 영화에서는 사람의 감정을 끌어내기 위한 신파 전용 클리셰가 총동원됩니다. 결국 그렇게 해서 느끼는 것이 카타르시스라고 해도, 그걸 너무 쉽고 소모적인 방식으로 끌어낸다는 게 문제라는 거예요. 그리고 그런 방식을 택하는 건 결국 상업적인 목적 때문이잖아요.

"세 번 웃기고 한 번 울리면 천만 간다."라는 말이 있죠. 신파의 기술을 가져다가 감성팔이를 하면 그게 통한다는 건데, 이게 얼마나 남용되고 있는지 생각해 보세요. 한국 영화계에선 전쟁 영화에도, SF 영화에도 신파를 갖다 써요. 죽음을 애도하고 슬퍼하는 이야기를 꼭 신파로만 만들어야 할까요? <*라이언 일병 구하기*1998>를 떠올려 보세요.

그 영화는 정말 걸작이죠!

라이너　거기서는 전투가 벌어지고 있는데, 그 와중에 슬픈 음악을 깔고 펑펑 울며 "내 여동생이랑 결혼하기로 했잖아! 일어나!" 하지 않아요. 대신 상륙 작전이 성공하고 난 뒤에, 카파조라는 인물이 농담을 하다가 별안간 눈물을 흘리는 모습을 보여 주죠. 관객은 그때 그 인물의 감정을 납득할 수밖에 없어요. 전쟁으로 인해 사람을 죽이고, 동료들이 죽어 나가는 걸 보면서 충격을 받았지만, 전사로서 그 감정을 갈무리할 새 없이 전쟁에 임하다가 전쟁이 마무리되어서야 감정이 확 밀려오는 모습을 보여 주는 장면이니까요. 그런 장면은 설득력도 있고, 진한 여운을 남기기까지 한단 말이죠. 저는 그게 신파와 신파가 아닌 것의 차이라고 봅니다.

비슷한 예시를 하나만 더 듣고 싶습니다.

라이너   <어벤져스: 엔드게임2019>도 예로 들어 볼까요? 그 영화에선 토니 스타크가 죽고, 슬퍼하는 인물들의 모습을 담담하게 보여 줍니다. 토니의 얼굴을 보여 주고, 서서히 멀어지면서 슬퍼하는 사람들을 지켜보고, 장례식 장면으로 넘어가요. 하지만 <어벤져스: 엔드게임>이 만약 신파 중에 가장 과장된 '일본식 신파'를 썼다면 그 장면에서 인물들의 감정을 날것 그대로 드러냈을 거예요. 슬픈 음악이 깔리며 토니 스타크가 죽기 전에 마지막으로 일장 연설을 하고, 동료들은 물건을 부수거나 집어 던지며 절규했겠죠. 카메라는 슬퍼하는 배우들의 얼굴을 클로즈업하고요. "다 내 잘못이야."라든지 "왜 네가 죽어야 해!" 같은 대사도 빠지지 않을 거예요.

부자연스럽게 폭발하는 감정을 보여 주고, 음악을 집어넣어 가며 기술적으로 눈물을 유도하는 것. 그런데 그게 너무 쉽기 때문에 너무 많이 남용되고, 그 목적이 지극히 상업적이기 때문에 문제로 보는 겁니다. 또 언급해서 죄송하지만 JK필름 부류의 영화들, 그게 왜 계속 만들어지겠어요. 사람들의 감정을 흔들어 돈을 벌어 보겠다는 목적 때문이잖아요. 그러니 비판하지 않을 수가 없는 것이죠. 그래서 '독'이라고 하는 거고요.

전찬일   지금 굉장히 당혹스러운 게, 일단 라이너가 '패턴화'라는 걸 지적했잖아요? 사실 장르라는 것 자체가 패턴화된 거예요. 그런데 그게 그렇게 문제가 된다면, 우리가 장르 영화에 대해 얘기할 수 있을까요? 저는 패턴화가 그렇게까지 크게 문제 될 부분이 아니라 생각합니다. 감정의 강요라는 지적도 마찬가지예요. 똑같은 이야기의 반복일지 모르겠지만, 그 감정의 강요라는 것을 했는데도 관객이 설득이 안 되면 문제가 되죠. 그런데 적지 않은 사람들에게 먹힌다면 그건 이미 강요가 아니지 않을까요? 감정의 강요가 아니라 그냥, 감정의 호소가 먹힌 것으로 봐야 하지 않을까요?

너무 쉽고 소모적 방식이라는 지적도 저는 동의하기 어려워요. 대중물이라는 게 워낙에 그런 방식으로 만들어지고, 대중들이 그런 걸 택하는 건데…. 대중물은 사실 돈 버는 게 목표 아니겠냐고. 그걸 어느 정도는 경계하고 비판해야 하는 건 맞지만, 애초에 상업성을 목적으로 만드는 대중물이 상업성을 위해 신파를 택하는 게 뭐가 문제가 됩니까. 저는 이해가 잘 안 가요.

그리고, 신파에서 가장 많이 써먹는 '죽음과 애도'도, 잘 생각해 봐요. 우리나라는 장례 때 "아이고 아이고." 곡소리를 내고, 삼년상을 치르던 나라잖아요. 서구와는 애도의 문화나 정서가 좀 다르단 말이죠. 나라마다 각각 문화적 코드가 있고 정서적 풀이가 다를 텐데, 이 부분도 어느 정도는 고려해서 판단해야 하지 않을까요?

라이너 선생님, 저는 애도의 방식이 아니라 신파의 방법론에 관해 이야기한 거예요. 선생님의 "신파의 목적은 어차피 눈물을 흘리게 만드는 것이고, 눈물을 흘리는 데 성공했다면 그걸로 좋은 것 아니냐."라는 말씀에는 동의하기 어렵습니다. 왜냐하면, 감정적으로 때린 거잖아요. 울리려고 작정해서 때렸고, 그래서 눈물을 흘렸다면 저는 그 때리는 행위와 의도에 문제가 있다고 보는 입장입니다. 그리고 "상업 영화가 상업적으로 성공하기 위해 모든 방법을 동원했고, 그래서 성공한 거면 괜찮지 않냐."라는 입장에는 더더욱 동의하기가 어렵습니다. 그건 너무 결과론적인 이야기 같아요. 저는 영화가 가지고 있는 지나친 상업주의를 경계하고, 비판할 수 있어야 한다고 생각합니다.

전찬일 저도 지나친 상업주의에 대한 경계는 필요하다고 생각하고, 비판하려고 하는 사람이에요. 그런데 어떤 의도가 먹히느냐 먹히지 않느냐는 수용자한테 달린 거고, 그게 먹혔다면 '의도한 바대로 해냈다.'는 부분은 인정해야 한다는 의미인 거죠.

라이너 네, 알겠습니다. 이 부분은 정리가 필요할 것 같네요. 편집자님, 두 사람은 끝끝내 서로의 의견에 동의하지 못했다고 정리해 주세요.

전찬일 맞아요. 이 지점에서 우리 입장은 평행선이에요. 저는 의도의 측면과 수용의 측면 모두 중요하다고 생각하는데, 라이너가 너무 의도 쪽에만 치우쳐 생각하는 것이 아닌가 싶어 제 의견을 얘기해 본 거예요. 그게 별로 참고할 만하지 않다고 느껴지면 넘어가면 됩니다.

명작의 조건

관객이
빠져들면
진짜다

그러면 신파 이야기는 이렇게 정리하도록 하고, 망작 이야기로 돌아가 볼까요?

전찬일 그래요. 아까 제가 말했다시피 망작이 어느 한 부분이 문제인 작품을 가리키는 말은 아니지만, 이런 건 있어요. 망작이 되기 쉬운 요소랄까, 망작이라 불리는 영화가 갖는 특징이랄까. 우선, 저는 한 영화 안에서 캐릭터가 일관성 없이 들쑥날쑥한 경우에 망작이 되기 쉽다고 봅니다. 캐릭터가 그에 맞는 언행을 해야 하는데, 그렇지 않고 왔다 갔다 하는 경우에요. 대개 시나리오가 엉망일 때 그러는데, 캐릭터가 분열되면 사건에도, 그 외 다른 부분에도 균열이 생길 수 있거든요.

<쉬리1998>가 망작은 아니지만, 그 영화가 개봉했을 때 제가 무지무지 비판한 부분이 바로 그 부분이었어요. 거기서 한석규 배우의 캐릭터가 최정예 요원인데, 언행은 전혀 그렇지 않아요. 멋은

있는데, 최정예 요원다운 언행을 보이는 적이 없죠. 그래서 그 부분을 강하게 비판했던 거죠. 그리고 영화 안에 '과잉'된 부분이 있을 때도 망작이 되기 쉬운 것 같습니다. 영화 안에서 가장 과잉되기 쉬운 게 음악인데, 그건 단순히 음악이 얼마나 많이 쓰였는지를 기준으로 판단하는 게 아니에요. 많더라도 적절하게 쓰였다고 판단이 되면 그건 과잉이라고 보지 않거든요. 음악이 별로 쓰이지 않았는데도 불필요한 음악이라고 판단되면 그게 과잉이라는 겁니다.

할리우드에는 음악이 맹목적으로 아무 때나 쓰이는 영화들이 많아요. 영화를 비워놓고 싶지 않으니까 그러는 건데, 할리우드의 경향성이 워낙 그렇다 보니까 할리우드 영화는 소수를 제외하곤 음악으로 칭찬받는 일이 드물어요. 최근엔 많이 좋아지긴 했지만요.

김한민 감독 같은 경우엔 할리우드 영화처럼 영화 안에서 음악을 상당히 많이 사용하거든요? 하지만 참 적절하게 잘 썼다고 느끼면서 영화를 보게 되요. 왕가위 감독의 영화들도 마찬가지고요. 왕가위 감독은 영화 안 인물들의 감성을 음악으로 탁월하게 조율하기 때문에, 그 많은 음악이 모두 영화의 맛을 풍요롭게 한다는 느낌이 들게 해요.

반면 앞서 언급한 《브로커》는 음악이 그냥 소모될 뿐이라는 느낌을 줍니다. 이런 경우를 음악이 과잉되었다고 보는 거예요. 많은 평론가가 '과잉은 연기에서도 경계해야 할 부분'이라고 이야기해요. 신파로 흐르기 십상이니까. 그런데 저는 이 부분에 대해서 좀 다르게 생각해요. 사건 속 인물이 어떻게 항상 사건과 거리를 두고 절제된 언행만 보일 수 있겠어요. 절체절명의 위기 같은 걸 앞에 둔 인물이라면 감정이 과잉될 수 있고, 이게 연기로 드러날 수 있다고 봐요. 모든 일에 항상 차분한 캐릭터라면 또 이야기가 다를 수 있겠지만, 보통의 사람들은 그러기 쉽지 않으니까요. 평론가가 비판적 거리를 유지하고 차분하게 영화를 본다고 해서, 영화 속 인물들까지 그러길 바란다면 그건 과욕 아닌가 생각합니다. 하지만, 음악에서도 연기에서도 그 외 다른 부분에서도 다 과잉이면 그땐 망작이 되는 거죠.

라이너   저는 어떤 석연찮은 의도가 있을 때, 그리고 재능 없는 사람이 영화를 만들었을 때 망작이 탄생하는 것 같아요. *<주글래 살래 2002>*라든지, *<클레멘타인>* 같은 영화는 후자의 이유로 망작이 된 사례라고 봅니다. 영화를 만들면 안 되는 사람, 재능이 없는 사람이 영화를 너무 만들고 싶다는 마음만으로 영화를 만들면 망작이 되는 것 같습니다. 그 마음은 이해하지만, 재능이 없다면 공부라도 했어야죠. 최소한의 공부라도 했으면 그 정도로 엉망인 영화를 만들진 않았을 텐데… 아무튼 그런 경우를 제외하곤 대개의 망작은 '석연찮은 의도'에 의해 탄생하게 되는 것 같아요.

'석연찮은 의도'라는 게 무슨 의미인가요?

라이너   *<맨데이트: 신이 주신 임무 2008>*라는 영화가 있어요. 그 영화는 일단 조명이 없습니다. 너무 어둡고요. 내용 자체도 너무 말이 안되요. 어느 정도냐면, 초등학교 교사인 제 친구가 그 영화를 보고 이렇게 말했어요. "우리 반 애들 데리고 찍어도 이것보단 잘 찍겠다." 그 정도로 말도 안 되는 망작인데, 그 영화엔 이런 뒷이야기가 있어요. 어떤 교회의 홍보를 위해 만들어졌다는.

망작 이야기에 <*리얼*2017>이 빠질 수 없죠. 저는 한국 영화 평론계가 <*리얼*>의 등장 이전과 이후로 나뉜다고 생각해요. 왜냐하면, 저 같은 사람이 그 영화로 인해 등장했기 때문입니다. 저도 그렇고, 영화 비평 유튜버 중 대다수가 <*리얼*>을 보고 충격을 받아 뛰쳐나온 거거든요. 그 영화가 없었다면 우리는 탄생하지 않았을 겁니다.

라이너 선생님을 탄생시킨 영화라니, 어떻게 보면 〈리얼〉이 대단한 영화였군요.

라이너 그렇게 충격적일 만큼 이상한 영화가 <*리얼*>인데요. 이 영화도 탄생 배경이 좀 이상해요. 감독은 생판 처음 보는 사람인데 배우랑 무슨 혈연관계라 하고, 돈이 어떻게 흘러 들어갔는지 모르겠는데 제작비로 115억을 들였다고 하고. 이상하잖아요? 또 다른 망작 <*자전차왕 엄복동*2019>의 탄생 과정도 만만치 않게 이상하죠. 정지훈이라는 스타가 주연이고, 다른 배우도 다 유명한 배우인데다 120억 가까이 들인 작품인데, 감독이 중간에 하차해요. 그러더니 무슨 자문 감독 체제라는 아주 황당한 방식으로 영화를 완성했습니다. 감독 없이, 다른 감독한테 전화로 물어봐 가며 영화를 만들었대요. 그러니까 영화가 그렇게 엉망으로 만들어질 수밖에 없었겠죠.

저는 망작으로 불리는 영화들이 이렇게, 뭔가 이상한 일이 벌어져서 탄생하는 것 같다고 생각합니다. 명확하게 그 '이상한 일'이 뭔지 밝혀내긴 어렵지만요. 영화꾼들이 모여 만들면, 아무리 돈이 없어도 망작까지는 잘 나오지 않아요. 고봉수 감독이나 백승기 감독 같은 저예산 독립 영화감독의 예산 단위는 대체로 백만 원 단위거든요? 사실상 제작비가 거의 없는 셈인데, 그렇게 만든 영화들조차 망작은 아닙니다. 조금 어설프거나 부족한 부분은 있을 수 있겠지만, 이야기가 있고 캐릭터가 있고, 그 안에서 배우들이 나름 좋은 연기를 보여 줘요. 그런데, 망작이라 꼽히는 작품들은 그런 수준을 넘어서는 영화들이에요. 그래서 제가 '진짜 망작은 감독에게 재능이 없거나, 제작 과정에 이상한 일이 얽혔을 때 탄생하는 것 같다.'라고 생각하는 겁니다.

전찬일 이야기를 듣다 보니, 신파 이야기를 할 때 라이너가 왜 그렇게까지 '의도'를 강조했는지 조금 이해가 되네요. 정말로 몇몇 영화에는 우리가 밝힐 순 없는, 시쳇말로 '뒤가 구린' 뒷이야기가 있긴 해요. 라이너의 '석연찮은 의도'라는 말에 오해의 소지가 생길 수도 있지만, 망작이라는 게 정상적으로는 탄생하지 않는다는 건 분명하죠. 다만, 재능이라는 것에 대해선 말하기가 조금 조심스러워요. 왜냐면, 우리조차 재능이 있어서 비평하는 건 아니니까. 하지만, 분수를 모르고 자기가 부족한 부분을 공부하지 않는 건 문제가 맞아요. 영화에 대해 최소한의 공부도 하지 않고 만들면 망작이 나올 수밖에 없어요.

망작이라고 규정하는 게 어떻게 보면 굉장히 과격해 보일 순 있는데, 아무 작품에나 망작이라는 꼬리표를 붙이는 건 아닙니다. 영화를 구성하는 다양한 층위 중 제대로 된 게 없는 경우, 망작이 되는 거죠. 그 대표적인 예가 <리얼>인 거고요. 그 영화는 정말, 어떻게 쪼개어 봐도 괜찮다 싶은 부분이 없거든요.

라이너 　 맞아요. 그러니까 망작과 그냥 좀 구린 영화는 구분을 해야 합니다. 망작이라는 표현을 쓸 정도면, 볼 게 아예 없는 수준이에요. *<맨데이트: 신이 주신 임무>* 같은 영화는 망작이라 표현하기에 부족함이 없는 영화예요. 하지만 *<범죄도시2 2022>*는, 저도 선생님도 못 만든 영화라 생각하지만 망작이라고까지는 얘기하지 않아요. 개인적으로 저는 그 영화가 전작에 비해 재미도 없고 단순한 면이 있다고 생각하고 다른 평론가들도 그 영화를 썩 좋게 보지는 않는데요. 오락 영화로 생각하고 보면 볼 만하거든요.

전찬일 선생님도 〈범죄도시2〉는 별로라고 평가하시는군요.

전찬일 　 일단, 마동석의 캐릭터가 너무 단순하잖아요. 주먹 몇 번 휘두르면 일이 해결된다니. *<범죄도시2>*에는 아무 의미 없이 내지르는 캐릭터에 쉽게 쉽게만 가는 이야기 등 아쉬운 부분이 많습니다. 그래도 대중은 *<범죄도시2>*에 나오는 손석구 배우의 캐릭터나 연기를 정말 좋아했죠.
대중의 반응은 존중합니다. 하지만 분명히 *<범죄도시 2017>* 속 윤계상 배우의 캐릭터나 연기에 비하면 약해요. 여러모로 기대치에 못 미친 아쉬운 작품이라고 생각합니다.

이번엔 '좋은 영화'에 대해 이야기해 보고 싶은데요. 대체 어떤 영화를 '좋은 영화', '잘 만든 영화'라고 할 수 있을까요?

전찬일 　 먼저 비평 방법론의 역사에 관한 이야기를 짤막하게나마 해 주면 좋을 것 같네요. 20세기 전반까지는 테마 비평이 비평의 주된 방법론이었어요. 그러다 20세기 후반에 가서 미장센 비평으로 무게중심이 옮겨 갔죠. 그 시기엔 영화의 메시지에 큰 비중을 두지 않고 비평을 했어요. 스타일을 중심으로 비평을 한 거죠. 그러다 21세기에 접어들면서 메시지의 힘이 중요해졌습니다.

저도 영화 공부를 하면서, 이 흐름에 따라 영화를 보는 시선이 계속 바뀌었어요. 예전엔 메시지 같은 건 크게 신경 쓰지 않고, 스타일 중심으로 영화를 봤죠. 근데 어느 시점이 딱 되니까 그게 잘 안 되더라고요. 저도 선호하는 장르가 있고 메시지가 있는데 어떻게 스타일에만 초점을 맞추고 영화를 보겠나 싶더라고요.

전찬일 선생님은 어떤 기준으로 영화를 평가하시나요?

전찬일 개인적으로 저는 사회적 메시지를 던지는 영화를 좋아해요. 그래서 이제는 누가 저한테 '좋아하는 영화'가 무엇이냐 물으면 이 부분도 고려해서 답을 하죠. 하지만 '좋아하는 영화'가 비평론적으로 '좋은 영화'랑 같냐 하면, 꼭 그렇지는 않아요. 겹치기도 하지만요. 메시지의 힘이 전보다 중요해졌다고 한들, 메시지만 좋다고 해서 좋은 영화라고 하긴 어렵거든요. 그래서 저는, 비평론적으로 '좋은 영화'인지를 가를 때, 크게 네 가지 기준을 가지고 구분해요.

첫 번째 기준은 '분석해서 살아남는 영화인지'예요. 언뜻 보면 괜찮은데, 쪼개서 보면 와르르 무너져 버리는 영화가 꽤 많거든요. 분석적으로 쪼개 봐도 무너지지 않고 살아남는 영화인지, 그걸 보는 거예요. 저는 영화를 평가할 때 영화의 전 층위를 고려하는 편이에요. 영화라는 건 참 복합적인 매체잖아요? 그 안엔 여러 층위가 있어요. 이야기 층위도 있고, 시각적인 층위도 있고, 청각적인 층위도 있고…. 지적 층위, 정서적 층위, 감각적 층위 이렇게도 나눌 수 있죠. 하지만 그 모든 층위에서 100퍼센트 만족감을 주는 영화는 사실 거의 없어요. 그렇기 때문에 눈높이를 높게 두진 않고 '여러 층위를 골고루 만족시키는지, 아니면 어떤 층위라도 뛰어난 층위가 있는지'를 봐요. 이게 두 번째 기준인데, 이건 세 번째 기준과도 연결될 수 있을 것 같아요. 세 번째 기준은 '나를 확 사로잡는 부분이 있는지'거든요. 모든 층위에서든 어떤 특정 층위에서든 관객을 잡아 뒤흔들 만한 요소가 있는지를 보는 거예요. 심리적으로든, 정서적으로든, 지적으로든. 그러니까 '**어트랙션**Attraction'* 이라는 개념을 기준으로 보는 거죠. 그리고 네 번째로 '시대적 분위기와 시대적 메시지가 잘 결합되어 있는지'를 보는데, 저는 사실 세 번째로 이야기한 기준에 영향을 많이 받았어요. 요즘은 또 이전만큼 강조하진 않지만. 아무튼, 그 지점에서 다른 평론가들, 특히 라이너와 비평 내용이 많이 갈렸죠.

앞서 말했듯, 저는 '나에게 100퍼센트 만족스러운 영화는 너무 드물고, 거기에 눈높이를 맞추면 비평할 영화가 남지 않을 것'이라고 생각하고 일부러 눈높이를 낮추는 경향이 있어요. 그래서 어트랙션이라는 개념을 위주로 평가하는 거고요. 그렇다 보니 다른 부분이 조금 미비하더라도 저를 치명적으로 사로잡는 요인이 분명히 있다고 하면, 그 영화를 비교적 좋게 평가하

---

* 시각, 청각, 이야기, 주제 등 영화의 어떤 층위에서든 관객을 잡아끌어 당기는 영화의 모든 요소들을 가리키는 개념이자 용어. 구 소련이 배출한 세계 영화사의 거목 세르게이 M. 에이젠슈테인의 '어트랙션 몽타주(The Montage of Attractions)'로부터 본격 이론화되기 시작했다.

는 편이에요. 좋았던 부분에 초점을 맞춰서 인정해 주는 거죠. 대신, 단서는 달아요. 어떤 부분에선 부족했다고. 하지만 이 기준 때문에 "너무 평가가 후한 것이 아니냐?"라는 비판을 많이 받는데요, 제 비평 방법론이 이렇다 보니 그런 거예요.

라이너 전찬일 선생님께서 굉장히 길게, 좋은 말씀을 해 주셨는데요, 비평의 무게 중심이 옮겨 갔단 말씀은 저도 충분히 의미 있는 말씀이라고 생각합니다. 그런데 사실 저는 '좋은 영화'라는 표현이 좋지 않다고 생각해요. **누벨바그**Nouvelle Vague* 영화들을 굉장히 혁명적인 영화라고들 하잖아요? 스토리 보드 같은 거 만들지 말고, 현장에 나가서 눈에 보이는 대로 찍고 나중에 편집하자는 식이었으니까. 하지만 그때 영화들을 우리가 "좋은 영화다." 이렇게 한마디로 표현하긴 어렵죠.

예술을 바라볼 때는, "이런 작품엔 이러한 가치가 있고, 이런 부분에서 훌륭하다."라는 식으로 표현해야 한다고 생각합니다. 선생님이 아까 '좋아하는 영화'와 '좋은 영화'를 구분해서 말씀해 주셨는데, 그런 의미에서 전 제가 '좋아하는 영화'에 관해 이야기해 볼까 해요.

이따금 영화를 보고 나서 집에 올 때까지의 풍경이 어땠는지 전혀 떠오르지 않을 때가 있어요. 영화관을 나와 집에 어떻게 왔는지를 잊을 정도로 계속 영화 속 장면이나 영화에 관한 생각을 하면 그렇게 되는데, 저는 저를 그만큼 빠져들게 만드는 영화를

---

* 직역하면 '새로운 물결'이라는 뜻. 1950년대 후반, 보수적인 프랑스 영화계에 나타난 영화 운동이다. 프랑수아 트뤼포, 장 뤽 고다르 등 신예 감독들이 주도했다. 기존의 관습을 비판하며 이를 깨뜨리고, 새로운 방식과 주제로 영화를 만들고자 했으며, 이러한 경향은 프랑스뿐 아니라 전 세계 영화에 영향을 미쳤다.

좋아해요. 근데, 여기서 '그러려면 스토리는 이래야 한다든지, 미장센은 이래야 한다든지'를 이야기하고 싶진 않거든요.

선생님이 잠깐 영화의 메시지에 관한 이야기도 해 주셨는데, 저역시 메시지가 좋다고 해서 반드시 잘 만든 영화일 순 없다고 생각합니다. 메시지나 제작 의도만으로 작품을 평가할 수는 없으니까요. "좋은 의도를 가지고 이 영화를 만들었습니다."라고 아무리 주장을 한들, 그건 주장일 뿐이에요. 좋은 메시지와 의도라고 할지라도 영화를 통해 표현하지 못했다면 잘 만든 영화라고 보긴 어렵죠. 너무 노골적으로 메시지를 드러내는 것도 마찬가지고요. 영화는 어디까지나 영화여야지, 표어나 포스터가 아니니까요.

두 분 모두 평론적인 면보다는 '사로잡는 것', '빠져드는 것'이 있는 영화를 좋게 평가하시는군요. 그런데, 저는 '비평의 무게가 옮겨갔다.'는 부분에 대해 조금 더 설명을 듣고 싶습니다. 미장센을 중시하던 분위기에서 다시 테마를 중시하기까지 어떤 흐름이 있었던 건가요?

전찬일   일단, 미장센을 중시하는 분위기가 생긴 데는 이런 배경이 있었다고 봅니다. 내러티브와 미장센을 완벽하게 서로 대립되는 개념으로 볼 순 없지만, 할리우드로 대표되는 주류 영화들이 다 지나치게 내러티브 전달에만 급급하니까 그에 대한 반작용으로 미장센이나 스타일을 전면에 부각시키며 그쪽에 방점을 찍게 된 거죠. 그러다 보니 점점 어떤 이야기가 펼쳐지고 어떤 주제가 설파되는지가 전혀 중요치 않게 되며 스타일 쪽으로만 치우치는 맹목성을 띠게 되었어요. 그러면서, 그에 대한 반작용으로 다시 내러티브, 테마 이런 걸 중요하게 보게 되고 그쪽으로 무게 중심이 옮겨가고 있는 것 같아요.

이렇게 생각하는 근거는 굉장히 많은데, 일례로 <*아르헨티나, 1985년*2022>이란 영화가 2023년 골든글로브 외국어 영화상을 받은 것만 봐도 알 수 있죠. 제가 봤을 때 그 영화는 굉장히 낡은 영화예요. 플롯만 봐도 서툰 구석이 많고, 디테일도 약하고, 라이너가 보면 아마 되게 촌스럽다고 느낄 거예요. 그런데도 왜 그 영화가 같이 후보로 올라가 있던 <*헤어질 결심*>을 제치고 외국어 영화상을 받았을까요?

저는 이렇게 생각해요. 그 영화가 위대한 민주주의의 승리를 보여 줬고, 평론가들이 그 영화의 주장과 메시지에 감동했기 때문이라고. 저는 이런 흐름을 오래 관찰하며, 그렇게 해석한 거예요.

"마블 영화 중 하나를 꼽으라면 전 이 영화를 꼽겠습니다.

'영웅이란 대체 무엇인가.'라는 중요한 질문을 우리에게 던지고 있죠."

감 독 앤서니 루소, 조 루소

각 본 크리스토퍼 마커스, 스티븐 맥필리

출 연 크리스 에반스, 스칼렛 요한슨, 세바스찬
　　　스탠, 새뮤얼 L 잭슨, 로버트 레드포드 등

개 봉 2014년

관객수 3,963,964명

"아무도 믿지 마라!"

"어벤져스를 향한 최악의 위기!"

수십 년간 빙하 속에 잠들어 있다 깨어난 캡틴은 실드의 조력자로 활동하며 현대 생활에 적응하기 위한 나날을 보내고 있었다. 그러다 상사인 닉 퓨리가 자신도 모르는 비밀 임무를 블랙 위도우에게 맡겼다는 사실을 알게 되고, 실드의 새로운 계획, '인사이트'에 대해 듣게 된다. 영웅으로서 자신이 해야 하는 일에 대한 고민에 빠진 캡틴…. 그러나 닉 퓨리가 습격을 받아 사망하는 사건이 벌어지고, 캡틴 역시 실드의 배신자로 몰려 쫓기는 처지가 된다. 유일한 희망은 '아무도 믿지 마라'는 말과 함께 죽기 전 닉 퓨리가 남긴 USB뿐. 하지만 그 USB가 알려주는 진실은….

"갈등을 해결하는 방식이 인상적입니다.

라이너가 싫어하는 신파도, 어느 정도 필요한 정도로만 들어갔고요."

감 독 윤제균

각 본 장성호

출 연 설경구, 하지원, 박중훈, 엄정화, 이민기, 강예원 등

개 봉 2009년

관객수 11,453,338명

"남은 시간 단 10분!"

"쓰나미도 휩쓸지 못한 그들의 이야기가 시작된다!"

해운대 토박이 만식은 연희를 좋아하면서도 다가서지 못한다. 인도양에서 쓰나미를 만났을 때, 순간의 실수로 연희 아버지를 잃었던 경험이 있기 때문이다. 만식의 동생인 해운대 해양구조대원 형식은 순찰 도중 바다에 빠진 희미를 구한다. 희미는 형식에 대한 사랑에 빠져들고, 형식도 그런 희미가 싫지 않다. 국제해양연구소의 김 휘는 연구를 위해 해운대를 찾아왔다가 이혼한 아내와 딸을 만나지만, 이들이 자신을 못 알아본다는 사실에 회한에 빠져든다.

각자의 사정으로 해운대에 모여든 사람들…, 그리고 초대형 쓰나미가 발생한다.

"K-좀비의 시작을 알린 작품이죠.

뛰어난 작품이지만, 이것을 넘어서는 것이 영화계에서는 또 하나의 과제가 되었습니다."

감 독 연상호
각 본 박주석
출 연 공유, 정유미, 마동석, 최우식, 안소희,
김의성, 김수안 등
개 봉 2016년
관객수 11,573,003명

"서울에서 부산까지
거리 442㎞"

"지켜야만 하는 사람들의
극한의 사투!"

펀드매니저로 승승장구하는 주안은 일 때문에 하나뿐인 딸 수안에게 소홀하고, 아내와도 별거상태. 아내를 찾아가기 위해 딸과 함께 부산행 기차에 탔다. 고등학교 야구부 부원인 영국도 부원들과 함께 기차에 타고, 그를 흠모하는 매니저 진희도 역시 기차에 탄다. 상화는 한때 주먹으로 이름 좀 날렸지만, 개과천선한 후 결혼했다. 그리고 만삭인 그의 아내 성경과 함께 기차에 탔다.
화요일 새벽, 서울역을 출발하는 부산행 KTX에는 평소와 다름없이 다양한 사람들이 저마다의 이유로 기차에 타고 있었다…. 그리고, 소리도 없이, 숨어들었던 좀비가 일어선다.

장치

영화를 분석하다

연기

배우는
감독의
도구다

먼저 평론에 대한 얘기부터 시작하겠습니다. 두 분 모두 "평론가는 훈련을 거쳤기 때문에 더 폭 넓게 재미를 느낄 수 있다."라는 요지의 말씀을 하셨어요. 그 훈련이라는 건 어떤 방법으로 할 수 있나요?

라이너 영화를 본격적으로 공부하게 되면, 영화를 볼 때 시퀀스를 나눠서 보라는 이야기를 많이 듣게 되요. 그래서 저도 예전엔 그렇게 영화를 봤어요. 종이랑 펜을 가지고 영화관에 가서 시퀀스를 나눠 가며 영화를 보고, 열심히 적고…. 감상보다는 공부를 위해 그렇게 본 거죠. 영화 기자분들이 많이 하시는 방법도 써 봤어요. 영화에 나온 장면들을 빠짐없이 다 적는 방법이에요. 그 외에도 영화 공부에 좋다는 방법은 이것저것 다 해 봤는데, 저한텐 영 만족스럽지가 않더라고요. 그러다가 어느 순간부터는 꼭 필요할 때를 제외하고는 극장 안에서 종이와 펜을 꺼내지 않게 됐어요. 만족스러운 방법을 찾았거든요.

이 방법은 다른 분들께도 추천해 드리고 싶은데요. 영화를 볼 때 계속해서 '왜?'라고 묻는 거예요. 저는 이게 가장 좋은 영화 감상 훈련법인 것 같습니다. 예를 들어 보자면 <헤어질 결심>을 보면서 '박해일은 왜 탕웨이에게 시마스시 모둠초밥을 사 줄까? 저 초밥엔 무슨 의미가 있는 걸까? 간장은 왜 짜 주는 걸까?' 하고 계속 의구심을 품는 거예요. 그러다 보면, 그 의문을 해결하기 위해 뭐든 하게 됩니다. 감독 인터뷰를 찾아서 본다든지, 영화 관련한 책이나 비평을 찾아서 읽는다든지. 물론 이런 의문에 모두 답이 있는 건 아녜요. 하지만 답이 있든 없든 의문을 품기 시작하면 스스로 납득 가능한 답을 찾아낼 때까지 계속 무언가를 시도하게 돼요. 그 과정에서 답을 찾지 못한다면, 어느 정도 타협도 할 테고요.

전찬일　그렇게 끊임없이 질문을 던지면서 영화를 보는 게 '분석적으로 영화를 쪼개 보는 것'인데요. 저도 오랫동안 모든 영화를 그렇게 봤어요. 그런데 라이너, 나이가 들고 더 많이 훈련되면 그런 질문을 덜 던지거나 안 던지게 될 거예요. 왜냐하면 질문을 하면서 분석하는 그 행위가 결국엔 '종합'을 하기 위한 과정인 거거든요. 그런데 그 과정이 꾸준히 훈련되고 연륜과 구력이 쌓이면 매번 질문을 던지지 않더라도 영화의 부분 부분이 총체적으로 와닿는 때가 와요.

라이너　음…. 조심스럽게 한 말씀 드리겠습니다. 제가 생각하기엔, '어느 순간부터는 질문을 던지지 않게 된다.'라는 말이, 자기 안에 이미 답이 있기 때문에 '이건 이거다!' 하고 생각하게 되는 순간이

온다는 말 같은데요. 저는 그 순간이 정체되고 도태되는 순간이 아닌가 싶습니다. 저는 만약 어떤 부분에 있어 더는 질문을 던지지 않게 된다면, 그건 그에 대한 사랑을 잃었기 때문이라고 생각하거든요. 그런 순간이 오면, "왜 나는 더 이상 의문을 품지 않게 되었을까?"라고 스스로 질문을 던져 봐야 하지 않을까요? 자신이 매너리즘에 빠진 건 아닌지를 돌아봐야 하는 것 아닐까요? 감히 이런 의문을 품어 봅니다.

조금 강한 반론을 제기하셨네요. 이에 대한 전찬일 선생님의 답이 궁금합니다.

전찬일　전문가는 의식을 하든 안 하든, 어느 정도 매너리즘과 더불어 살아가는 존재 아닙니까? 전문가라는 게 사실 그런 거잖아요. 자기가 조금 더 아는 거 가지고 "내가 이만큼 안다."라고 내세우는 양반들이니까. 매너리즘이 경계해야 할 것 중 하나인 것은 맞지만, 어느 정도는 거기에 빠지게 되는 것이 당연하다고 봅니다. 그런데, 라이너는 제가 말한 내용을 조금 다르게 이해한 것 같아요. 제가 말한 "질문을 덜 던지게 된다, 던지지 않게 된다."라는 말은 영화에 대한 흥미를 잃는 것과는 무관하거든요. 그건 영화를 감상하고 즐기는 방식 자체가 조금 달라진다는 의미예요. 훈련된 세월이 축적되다 보면 돈오頓悟하듯 어느 순간 자기도 모르게 도약했다는 걸 느끼는 시점이 있어요. 사람마다 다르겠지만 그런 도약이 몇 번은 올 거예요. 만약 평생 그런 거 한번 못 느낀다면 그거야말로 매너리즘에 완전히 잠식된 거겠죠. 저도 경험의 함정을 굉장히 의식하고 사는데, 이건 그것과는 다른 이야기예요. 정말로, 연륜과 구력이 쌓였을 때의 감상법은 달라질 수밖에 없어요. 저는 저보다 연륜과 구력이 더 쌓이신 분들께 아주 깍듯이 대하고 그분들을 존중하는데, 그게 꼭 '지식의 양이 저보다 많기 때문'만은 아니에요. 더 살고 더 많은 일을 겪어서 갖게 되는 관점이 있고, 거기서 배울 게 많기 때문이죠. 라이너는 아직 아주 많은 것을 의식적으로 노력하는 단계이지만, 그게 축적이 되면 라이너도 달라질 거라고 저는 확신해요. 발전하는 단계라는 게 워낙 그런 거니까요. '라이너는 아직 수준이 떨어진다.' 같은 의미로 한 이야기는 아니니까, 오해하지는 말고요.

라이너 '너도 어떤 단계를 거치면 그렇게 될 것이다.'라는 말씀 역시 동의하기 어렵습니다. 그게 저한테는 어떤 하나의 길이 있다는 것처럼 느껴지거든요. 저는 모든 사람이 결국 진리에 도달하지 못하고 죽을 수밖에 없다고 생각합니다. 그럼에도 그 진리에 조금이나마 가까워지기 위해 열심히 공부하는 사람들이 있죠.

저는 그들이 가는 길은 다 다르다고 생각해요. 그러니까 산에 오른다는 목표는 같을 수 있어도 코스는 저마다 다 다를 거라고 생각하는 거죠. 그렇기 때문에 선생님께서 어떤 단계를 거쳐 깨달음을 얻으셨다 해도 저는 그것과 다른 단계를 거칠 수 있고, 아마도 그럴 것이라고 예상합니다. 그렇지만 이것과는 별개로 저도 연륜과 구력이 쌓이신 분들은 존중해요.

모든 영화를 분석해 가며 보던 시기가 있다고 하셨는데, 선생님께서 지나오신 훈련 과정에 대해 조금 더 들려주시면 좋겠습니다.

전찬일   당연히 저도 라이너와 비슷한 훈련 과정을 거쳤죠. 라이너만큼 철저하게 하진 못했지만, 대학 시절 중 일 년 반 정도는 미친 듯이 책을 읽고 영화를 봤어요. 제가 말한 '좋은 영화'를 평가하는 기준 중에 '쪼개서 살아남는지'라는 기준이 있었잖아요? 그때 영화를 '쪼개서 보는' 훈련을 정말 열심히 했어요. 이제는 그런 의식적인 분석 과정을 덜 거친다고 했지만, 그건 모든 영화의 모든 부분을 그렇게 쪼개서 보지 않는다는 거고, 여전히 필요한 부분에서는 의식적으로 분석해 가며 영화를 봅니다. 특히 연기나 캐릭터, 사운드 같은 부분에서요. 하지만 그 이외의 부분은 크게 의식적으로 분석하지 않다 보니, 비평가로서 디테일에 조금 소홀할 수 있다는 약점이 있긴 해요.

두 분 모두 정도의 차이는 있어도 영화를 쪼개서 보는 방법을 사용하시는군요. 그러면, 이제 그 쪼개서 보는 방법으로 이야기를 진행해 보죠. 우선은 배우 이야기입니다. 대중은 대체로 감정이 폭발하는 연기를 '명연기'로 꼽잖아요. 오열하거나 분노하거나. 그런데 평론가들이 좋다고 평가하는 연기 중엔 잔잔한 연기도 많아요. 평론가는 어떤 요소를 보고 연기를 평가하는지 궁금합니다.

전찬일   감정이 폭발하는 연기가 반드시 잘한 연기는 아닌데, 많이들 오해하죠. 전문가들조차 곧잘 그러고요. 연기라는 건 철저하게 캐릭터에 근거해서 해야 하는 거예요. 감정적으로 과한 성격의 캐릭터라면 폭발적인 연기를 한 게 '잘한 연기'겠지만, 그런 캐릭터가 아닌데도 계속 폭발한 연기를 선보인다면, 그건 그냥 '과잉된 연기'가 되는 겁니다.

저는 배우의 얼굴에 클로즈업이 들어갔을 때 영화의 흐름이 깨지는 경우 '연기를 못한다.'라고 판단해요. 같은 맥락에서, 카메라와 어떤 거리를 유지하든 그 흐름이 깨지지 않는 경우에는 '연기를 잘한다.'라고 평가하죠. 그런 연기를 선보이는 배우가 바로 전도연 배우예요. 그 배우는 아마 두 시간 내내 클로즈업을 잡아도, 볼 만한 연기를 해낼 거예요.

라이너   전도연 배우 얼굴만 두 시간 동안 클로즈업 잡는 영화가 나오면 사람들이 달려가서 볼 것 같아요. 저도 보고 싶고요.

전찬일   그렇죠? 정말 대단한 배우예요. 이어서 제가 개인적으로 좋아하는 연기에 관해 이야기해 보자면, 저는 내면을 담아내는 연기를 좋아해요. 겉으로 드러나게 표현하는 것보다 내면의 울림을 담아내는 그런 연기가 더 어렵다고 생각하고요. 그래서인지 보이는 게 다인 연기를 봤을 땐 딱히 훌륭하다는 생각이 안 들어요. 하지만, 이 기준은 조금 추상적이고 관념적일 수 있겠네요.

조금이나마 이해를 돕기 위해 예를 들어 보자면, 우리나라에서 훌륭한 연기자 중 한 사람으로 꼽히는 배우가 최민식 배우잖아요? "최민식 배우가 최고로 연기 잘한 영화가 뭐냐?" 물으면, 많은 분이 <올드보이2003>라고 얘기해요. 거기서의 캐릭터가 워낙 강렬하다 보니 연기로도 많이 회자되는 것 같아요. 그런데 저는 최민식 배우의 연기 중 <꽃피는 봄이 오면2004>에서의 연기를 최고로 꼽아요. 내면을 담아내는 연기를 정말 훌륭하게 해냈거든요.

라이너 　저는 무대에서 할 수 있는 연기와 영화에서 할 수 있는 연기는 다르다는 걸 먼저 짚어 가며 이야기를 시작하고 싶어요. 무대에서는 연기자들이 극을 끌어 나가지만, 영화에서 연기자는 철저하게 감독의 도구로 쓰입니다. 영화배우는 결국 감독의 표현을 위해 도구적으로 활용되는 존재죠. 그렇기 때문에, 영화 속에서 배우의 연기가 안 좋게 느껴진다면 그건 감독 탓이라고 봐요. 안 좋은 연기는 감독의 연기 지도가 잘못되었기 때문에 나오는 것 같고, 뛰어난 연기는 감독의 의도와 배우의 연기가 딱 합의 될 때 나오는 것 같다는 거예요. 종종 연출자가 상상하고 머릿속에 그렸던 장면을 넘어서서 더 멋지게 연기를 해내는 배우도 있긴 합니다. 대표적인 예가 선생님이 언급하신 전도연 배우죠. 매번 생각도 못 했던 모습을 보여 주는, 보기 드문 배우예요.

그런데 '구린 연기는 감독 탓'이라는 것은 어디까지나 연기자들이 훈련되었다는 조건이 맞춰졌을 때 이야기예요. 간혹 연기자가 훈련되지 않아서 부족한 연기를 보이는 경우도 있으니까요. 발음이나 발성 같은 기본기도 안 되어 있는데다 공부조차 하지 않은 사람이 연기를 하면 로봇처럼 연기할 수밖에 없어요. 아무리 감독이 지도를 잘해도 그건 회생불가능이죠.

개인적으로 제가 연기를 평가할 때는 '이 사람이 얼마나 캐릭터 해석을 잘 했는가' 그리고 '그 캐릭터가 극에 얼마나 잘 녹아들었는가' 이 두 가지를 봅니다. 관객분들도 아마 비슷한 기준으로 배우의 연기를 평가하실 겁니다. 자기가 그런 기준으로 평가하고 있다고 의식하지 못하더라도 그렇죠. 직접 의식하지는 못하더라도, 무의식중에 연기에서 어색함을 느끼거나 감탄하게 되는 겁니다. 가령 김윤석 배우는 모두가 '연기 잘하는 배우'라고 인정하잖아요?

그런데 <남한산성2017>에서 보여 준 김윤석 배우의 연기는 관객들 사이에서 굉장히 논란이었어요. 평론가들은 오히려 언급이 없었지만요. 뭐, 진지하게 보지 않았거나 너무 눈치를 봤던 거겠죠. 아무튼 많은 관객이 그 영화에서 김윤석 배우의 연기가 어색했다고 평가했단 말이죠. 그런데 왜들 그렇게 느꼈을까 생각해 보면, 김윤석 배우가 혼자 다른 발성을 하고 있어서 그런 것 같아요.

혼자 다른 발성을 한다는 의미에 대해서 설명을 듣고 싶습니다. 그러면 다른 배우들은 어떤 발성을 했던 건가요?

라이너   다른 배우들은 소위 '사극 톤'으로 대사를 치거든요. 그런데 김윤석 배우는 거기서 사극 톤을 사용하지 않고, 평소 자신의 톤을 사용해요. 김윤석 배우는 워낙 대사를 처리하는 방식, 말의 리듬, 높낮이 이런 게 굉장히 독특한 배우인데, 그게 사극 영화에 그대로 나오니 관객들에겐 의아하게 느껴졌을 거예요. '아니, 조선시대인데 왜?'라고 생각하면서요. 그래서 극에 잘 녹아들지 않는 연기였다고 느꼈을 수도 있습니다. 하지만, 그걸 '못한 연기'라는 말 한마디로 단정 짓긴 어렵다고 생각해요. 김윤석 배우가 사극 톤이라는 것 자체에 거부감을 가지고 일부러 그런 방식을 택했을 수도 있는 거잖아요? 나름의 해석이 있었을 수도 있고요.

저는 개인적으로 그 연기를 두고 '잘한 연기', '못한 연기'로 나눠서 평가하고 싶진 않아요. 사극 톤이라는 것도 사실 우리의 상상에서 비롯된 거잖아요. 조선시대 사람이 말할 때 실제로 사극 톤으로 대화를 했을까요? 저는 사극 톤이라는 것이 그냥 클리셰나 매너리즘에 불과할 수도 있다는 생각을 가지고 있기 때문에, <남

*한산성>*에서의 연기도 그저 "김윤석의 해석이 좀 독특해서 위화감이 느껴졌다." 정도로만 평하고 싶습니다.

전찬일 저는 이 얘기도 하고 싶어요. 캐스팅 실수, 그것 때문에 마치 연기가 별로인 것처럼 느껴지기도 한다고요. 캐스팅 디렉터(배역 감독)의 역할이 굉장히 중요해요. 좋은 작품이 나오기 위해선 적합한 캐스팅을 하느냐가 관건이니까요. 평론가도 일반 관객도 캐스팅에 설득력이 없는 영화를 보면 재미를 못 느껴요. 연기엔 문제가 없는데도 어색하게 느낄 수 있고요. 그렇다 보니, 배우들이 어느 정도 스테레오타입화(전형화) 되는 경향이 있어요.

가령 전지현 배우 같은 경우에는 *<엽기적인 그녀2001>*에서의 이미지로 스테레오타입화되었죠. 거기서 보여 준 팡팡 튀는, 활력 넘치는 모습이 너무 강렬하게 각인됐기 때문에 너무 진지한 연기를 하면 상대적으로 대중의 호응이 덜하거든요. 그러니까 대중에게 익숙하고 대중이 호응할 만한 캐릭터로 스테레오타입화된 거예요.

라이너 *<4인용 식탁2003>*이나 *<시월애2000>* 같은 작품은 전지현 배우가 진지한 연기를 보였던 영화인데도 정말 좋지 않았나요?

전찬일 좋기야 했죠. 저는 그 두 작품 중 *<4인용 식탁>*을 엄청나게 좋아했어요. 그런데 그 영화들은 *<엽기적인 그녀>*나 *<내 여자친구를 소개합니다>*에 비하면 대중의 호응이나 흥행 실적이 좋지 않았잖아요? 결국 캐스팅 디렉터들은 어느 정도 대중의 스테레오타입에 맞춰 배우들을 캐스팅하게 되고, 배우들 입장에선 원치 않게 스테레오타입화되며 연기의 폭이 좁아지는 안타까운 일이 생긴 다는 거예요.

라이너　말씀을 듣고 보니 저도 떠오르는 사례가 있네요. 마동석 배우죠. *<백두산2019>*에서 마동석 배우가 박사 역할로 나오는데, 관객 반응은 '신선했다.' 이게 끝이에요. '신선하긴 했지만, 딱히 기억에 남지는 않는다.'라는 뜻이겠죠. 저도 그 영화를 보면서 '차라리 박사가 아니라, 힘이라도 쓰는 캐릭터였다면 더 좋았을 텐데.'라는 생각이 들었어요.

앞서 언급하신 전도연 배우, 최민식 배우 등은 모두 '연기 잘하는 배우'로 이미 각인된 분들이잖아요. 이미 스타인 배우를 제외하고, 앞으로가 더욱 기대되는 배우와 그 이유를 알려주실 수 있을까요?

라이너　저는 앞으로가 기대되는 배우로 나나 배우를 꼽고 싶습니다. 최근 제가 평론가 활동을 하며 몇 년 동안 한 번도 쓰지 않은 표현을 나나 배우에게 썼어요. "천재다. 천부적 재능을 가진 배우다." *<자백2022>*이라는 영화를 보고 한 말이었어요.
　사실 그 영화 이전까지 제 기억 속 나나 배우의 연기는 *<꾼2017>*에서 보여 준 연기가 전부였어요. 다들 동의하시겠지만, 거기서 나나 배우의 연기는 정말 볼품없었어요. 현빈 배우의 연기도 별로였지만 나나 배우의 연기는 훨씬 더 심각했죠.
　'역시 아이돌 출신은 답이 없네.'라는 생각을 하면서 봤던 기억이 나요. 그런데 *<자백>*을 보니 몇 년 새 엄청난 도약을 했더라고요. 대사도 너무 잘 치고, 연기도 너무 잘해서 정말 '요즘 젊은 배우 중 천재가 있다면 이 배우다!'라는 생각이 절로 들었어요. 앞으로가 정말 기대되는 배우예요.

전찬일 그래요? 공감은 잘 안 가지만, 저도 한번 지켜봐야겠네요. 저는 문승아 배우 이야기를 좀 하고 싶어요. 홍의정 감독의 영화 <소리도 없이2020>에 출연한 아역 배우인데요. 그 영화에서 유아인이나 유재명같이 성인 역을 맡은 배우에게도 뒤지지 않는 풍부한 표현력을 보여 줍니다. 영화 속에서 문승아 배우가 맡은 캐릭터는 마냥 순진한 어린이가 아니라 어떤 사연을 내면에 담고 있는 인물이거든요. 그런데 그런 내밀한 디테일을 표정으로 드러낼 줄을 알더라고요. 정말 깜짝 놀랐어요. 최근 몇 년 사이 부상하는 배우 중 돋보이는 인물이 김태리, 김고은 배우잖아요? 저는 문승아 배우가 이 배우들을 훌쩍 뛰어넘을 수 있지 않을까 하는 기대까지 품고 있습니다.

그리고 <데시벨2022>에서 본 차은우 배우의 연기도 인상 깊었어요. 제가 차은우 배우를 처음 봤을 때, '어쩜 저렇게 잘생긴 사람이 있나?'라는 생각을 했어요. 그런데, <데시벨>에서 그 외모가 허망하게 느껴지지 않는 연기를 보여 주더라고요. 거기선 비중이 상대적으로 작다 보니 대사나 분량이 많지 않았는데, 언젠가 좋은 감독과 시나리오를 만나면 이미지와 생김새에서 느껴지는 압도를 연기로까지 잘 승화시킬 수 있을 것 같아 기대가 됩니다.

정말 많은 배우들을 언급해 주셨습니다. 저도 영화를 제법 봤지만, 주목할 만한 배우가 이 정도로 많았구나 하는 생각이 새삼 드네요. 그러면, 이제 다음 이야기로 넘어가 볼까요? 전찬일 선생님?

전찬일 또, 한 명만 더 언급할게요. *<20세기 소녀* 2022>에서의 김유정 배우 연기도 참 좋았어요. 김유정 배우는 이미 스타라면 스타랄 수 있겠지만 저는 *<해운대>*에서의 그 아역 배우가 이렇게 멋지게 성장할 줄은 몰랐거든요. 그래서 새삼 놀랐습니다. 사실, *<20세기 소녀>*라는 영화 자체는 썩 마음에 들지 않아요. 하지만 그 안에서 김유정 배우는 정말 돋보였어요. 이미 어느 정도 자리를 잡은 배우지만, 앞으로의 기대감을 품게 했기 때문에 언급하고 싶었어요.

라이너 선생님께서 '아역 배우'라는 표현을 쓰신 김에, 이야기하고 싶은 게 있습니다. 책에도 실렸으면 하는 내용이에요. 제가 오래전부터 문제의식을 느끼고 있던 것 중 하나인데, 저는 '아역 배우'라는 표현이 잘못된 표현이라고 생각해요.

전찬일 그러면 뭐라고 하면 좋겠어요?

라이너 어린이 배우 혹은 청소년 배우요. 저희가 노인 역을 연기하시는 분들을 노역 배우라고 부르진 않잖아요. 따지고 보면 '아역'이라는 말이 어린이 역할을 한다는 의미인데, 성인 배우가 아역을 할 수도 있죠. 어린이 배우라고 꼭 어린이 역할만 하는 것도 아니고요. 별것 아니지만, 저는 그런 표현이 부정확하고 치우친 표현이라고 생각해요. 그래서 그런 표현 대신 '어린이 배우, 청소년 배우'라는 표현을 쓰면 좋겠습니다.

전찬일　오케이. 굉장히 좋은 제안이에요. 우리가 용어 개념을 좀 더 정확하게 쓰기 위해서 노력해야 하는데, 이런 부분은 미처 고려를 못 했네요. 맞네. 분장이나 CG 같은 걸 이용하면 나이 든 사람이 아역을 할 수도 있는 거고, 어린 친구가 노역을 할 수도 있는데. 초등학생 정도 되는 배우는 어린이 배우, 중고등학생 배우는 청소년 배우라고 하면 되겠네요, 그렇죠?

라이너　네. 이 언급을 계기로 많은 분이 아역 배우라는 말을 지양하셨으면 좋겠습니다.

사운드

영화는
보고 '듣는'
매체다

영화 속 사운드 요소로 이야기를 시작해 보겠습니다. 이전에 전찬일 선생님께서 여전히 의식적으로 분석해 가며 보는 부분 중 하나가 사운드라고 하셨는데요. 평론가는 영화 사운드를 어떻게 분석하고 평가하는지 궁금합니다.

전찬일 영화가 시청각 매체임에도 많은 관객이 시각성에 무게를 두고 청각성은 소홀히 하는 경향이 있어요. 인간의 감각 중 시각이 차지하는 비중이 워낙 높은 탓이겠죠. 영화의 다양한 청각 요소들을 예의주시하는 관객이 참 드물어요. 일반 대중뿐 아니라 평론가 중에서도요.

많은 평론가가 음악에 관해서조차 자세히 언급하지 않습니다. 음향에 관해서는 더더욱 그렇고요. 저는 저를 포함한 우리 평론가 모두가 영화를 비평할 때 청각 층위의 다양한 요소에 관해서도 조금 더 관심을 가지고 언급하면 좋겠어요. 대부분의 평론가가 대사 녹음 상태에 관한 지적 정도는 곧잘 하는데, 거기서 더 나아가야죠. 사운드의 톤 앤 매너Tone & Manner, 연기자의 목소리와 피치Pitch, 음의 높낮이, **앰비언스**Ambience* 등 사운드에 관한 디테일한 요소들을 의식적으로 언급할 필요가 있어요.

라이너는 이 부분에서 꽤 탁월한 평론가예요. 본인이 음악을 좋아할뿐더러 전문성도 있는 편이죠. 그러니까 라이너가 사운드 이야기를 이어서 조금 더 해 주면 좋을 것 같아요.

라이너   영화에서 사운드 요소는 크게 네 가지로 나눌 수 있어요. 대화, 음악, 폴리Foley, 앰비언스 이렇게요. 대화는 누구나 중요하다고 생각할 거예요. '인물들의 대화가 잘 들리는지'는 기본적으로 고려할 수밖에 없으니까요. 음악도 마찬가지죠. 그런데, 나머지 요소도 정말 중요해요.

우선 폴리에 대해 이야기를 해 볼까요? 폴리라는 건 눈을 밟을 때 나는 소리, 말발굽 소리, 칼을 뽑을 때 나는 소리 같은 음향 효과를 말해요. 실제보다 더 실제 같은 그런 효과음들이요. 그런 소리를 왜 폴리라고 부르냐면, 할리우드에서 효과음 제작의 전설급 인물이었던 '잭 폴리'라는 사람의 이름에서 따온 거예요. 만약 격투 장면인데 맞거나 때릴 때 나는 소리 같은 게 없다면 어떨까요? 영화가 정말 밋밋하겠죠. 폴리가 없거나 어설프면 영화에서 아무것도 느낄 수가 없어요.

그리고 공간의 소리인 앰비언스도 정말 중요해요. 앰비언스라는 개념이 조금 낯선 분들은 <봄날은 간다2001>에서 남자 주인공(유지태)이 하던 일을 떠올려 보시면 될 것 같아요. 거기서 유지태

---

*   공간음. 동물 소리나 바람 소리, 생활 소음 등 어떤 공간 안에 존재하는 모든 소리를 의미한다.

배우가 녹음 장비를 들고 여기저기 다니잖아요? 그게 바로 앰비언스로 사용할 소리를 모으는 거예요. 저는 한국 영화가 이 부분에서는 아직 많이 약하다고 생각해요. 할리우드에선 앰비언스에 정말 신경을 많이 쓰거든요.

일례로, 피터 잭슨 감독이 <킹콩2005>을 만들 땐 미지의 섬이라는 배경을 위해 스무 명가량의 앰비언스 기사들이 섬 하나의 전체 소리를 다 담아서 활용했다고 해요. 그 덕에 아카데미 시상식에서 사운드 관련 상을 다 쓸다시피 했죠. 처음 그 이야기를 들었을 때, '우리나라에선 흉내도 못 내겠구나.'라는 생각이 들었어요. 한국 영화계에서 영화 하나를 위해 앰비언스 기사를 스무 명 넘게 쓴다는 건 정말 상상도 하기 힘든 일이니까요. 할리우드 영화를 보면, 한국 영화에 비해 스케일이 훨씬 크잖아요? 시각적으로뿐만 아니라 청각적으로도요. 할리우드는 그런, 영화 하나를 위해 앰비언스 기사를 스무 명 넘게 쓰는 일이 실제로 가능한 환경이기 때문에, 훨씬 스케일이 크고 풍부한 사운드를 들려줄 수 있는 거예요.

전찬일　맞아요. 한국 영화계는 상대적으로 사운드 쪽에 예산을 덜 배정해요. 영화 음악의 비중이 커지면서 예전보단 좀 더 쓰는 것 같긴 하지만, 할리우드에 비하면 여전히 미미한 액수죠. 저도 한국 영화가 조금 더 역점을 둬야 할 대목이 사운드의 완성도라고 생각해요. 할리우드에선 관객을 잠시라도 지루하게 만들지 않으려고 정말 빈틈없이 사운드를 채워 넣어요. 그러기 위해 영화를 기획하는 초기 단계에서부터 사운드를 디자인하고요. 당연히 예산도 많이 책정하죠. <스타워즈>의 음악을 작곡한 **존 윌리**

엄스* 같은 사람도 이런 기반이 있었기 때문에 나올 수 있었던 거예요. 그에 반해 한국 영화계는 90년대 후반쯤 되어서야 음악을 조금씩 중시하기 시작했기 때문에 사운드와 관련해선 앞으로 개척해 나가야 할 부분이 참 많아요.

아무리 예산을 많이 써도 아직 할리우드의 자본을 따라갈 수는 없겠죠. 그렇더라도 저는 우리나라 영화를 보면서, 보는 눈만이 아니라 듣는 귀도 즐거웠던 적이 없지는 않았던 것 같습니다. 우리나라에도 음악으로 주목할 만한 영화나 감독이 있지 않을까요?

전찬일 물론 우리나라에도 할리우드식으로 음악을 촘촘히 잘 사용하는 감독이 있긴 합니다. 앞에서 언급하기도 했는데요. *<최종병기 활2011>*과 *<명량2014>*, *<한산: 용의 출현2022>*, *<노량: 죽음의 바다 2023>*를 만든 김한민 감독이에요. 한국 영화감독 중 드물게 영화음악을 효과적으로 잘 쓰고, 탁월하게 배치하는 사람이죠. 봉준호 감독이나 박찬욱 감독도 김한민 감독과는 또 다른 스타일로 음악을 아주 잘 쓰고요.
일부러 음악 자체를 잘 쓰지 않는 감독들도 있어요. 그 중 한 사람이 이창동 감독이에요. 좀처럼 음악을 잘 안 쓰다가 결정적인 순간에 딱 쓰는 스타일이죠. '음악을 어떻게 배치하고, 언제 어떻게 활용하느냐.'가 영화 연출에서는 굉장히 중요한 변수인데, 이 부분에 소홀한 제작자나 평론가들이 아직까진 많아요. 의식할 필요가 있다고 생각합니다.

---

*   미국의 영화 음악 작곡가 겸 지휘자. '스타워즈 시리즈'부터 <E.T.>, <쥬라기 월드> 등 수많은 할리우드 흥행작에서 음악을 맡았다.

라이너 영화 음악, 정말 중요하죠. 저는 이 세상에 존재하는 모든 예술 중에서 음악만이 가지고 있는 특별함이 있다고 생각해요. 그게 뭐냐면, 단독으로도 예술이 되지만 조연 역할도 가능하다는 거예요. 다른 예술은 다 주연 역할밖에 못 해요. 그림만 해도, 배경이 되는 순간 더는 감상할 거리가 안 되잖아요? 하지만 음악은 시간의 흐름에 있는 예술이기 때문에 우리의 모든 순간에 함께할 수 있어요. 눈을 감고 음악에만 귀를 기울일 때뿐 아니라, 걸어가면서, 카페에 앉아서, 다른 사람과의 대화 속에서 음악이 들리는 것 모두 감상의 영역이 될 수 있죠.

영화에서 음악이 잘 쓰인 사례는 정말 많지만, 저는 그중에서도 **<지옥의 묵시록**1979>의 한 장면을 최고로 꼽고 싶어요. 미군이 베트남 마을에 헬기 공습을 퍼붓는 장면이죠. 그 장면에선 바그너의 '발키리의 기행'이라는 곡이 좌악 깔리는데요, 저는 그 장면과 음악을 보고 들으면서 '이 장면이야말로 영화 예술의 위대함을 보여 주는 장면이구나.'라고 생각했어요. 왜냐하면, 전쟁통에서 합리와 이성을 다 벗어던지고 짐승이 되어 버린, 그래서 무차별적으로 피를 탐하게 된 그런 이들의 학살 현장을 보여 주는 순간에 '발키리의 기행'이라는 곡을 사용함으로써 의미를 만들어 냈으니까요.

그 음악이 없었다면, 그 장면은 단순히 '학살하는 장면'에 지나지 않았을 거예요. 하지만 음악으로 인해 '그들은 자신이 전장의 발키리가 된 듯한 착각에 빠져 무차별 학살을 일삼았다.'는 의미가 생겨났어요. 정말 위대한 순간입니다. 영화 음악 이야기를 계속하자면, 밤을 새워도 모자랄 것 같아요.

미장센

이야기를 빼고
눈에 보이는
모든 '것'

이번에는 영화 속 시각적 요소에 관해 이야기를 나눠 볼까요? 영화 비평에서 거의 빠지지 않고 등장하는 '미장센', 이게 정확히 무엇인지 듣고 싶습니다. 그리고 평론가가 영화에서 눈여겨보는 시각적 요소에는 어떤 것이 있는지도 설명 부탁드려요.

전찬일　일반 관객은 영화를 볼 때 대개 이야기를 쫓아가게 되죠. 하지만 시각 매체에 훈련된 전문가들은 앵글, 카메라와 피사체 간 거리, 조명, 색감, 의상 등 훨씬 더 많은 요소를 보게 됩니다. 이때 눈에 보이는 모든 게 다 미장센이에요.

이 미장센이라는 건 별도의 장으로 독립시켜야 할 정도로 중요하고 내용이 방대해요. 그러니까 차라리 촬영, 조명, 의상, 색감, 구도 이런 식으로 구체적인 예를 들어 가며 이야기를 나눠 보면 좋을 것 같은데 어떨까요?

라이너 좋습니다. 그전에 미장센에 관한 설명을 좀 덧붙이고 넘어갈게요. 미장센이라는 건 원래 연극 용어였어요. 연출가가 극의 내용을 더욱 효과적으로 전달하기 위한 목적에서, 무대에 배우나 소품, 조명 등 시각적 요소들을 배치하는 걸 뜻하는 용어였죠. 그게 영화로 넘어오면서 앵글이나 구도 같은 것까지 포함하는 좀 더 포괄적인 개념으로 확장된 거고요.

이 미장센이라는 게 왜 비평에 빠지지 않고 등장하냐면, 그만큼 중요하기 때문에 그래요. 선생님이 대부분의 관객은 등장인물의 이야기만 좇게 된다고 말씀해 주셨는데요. 그렇게 이야기 위주로 영화를 보다 보면 많은 장면을 그냥 흘려보내게 됩니다. 그런데 그런 장면들을 흘려보내지 않고 찬찬히 뜯어보면 감독이 추구하는 디테일이나 그에 대한 집착 같은 걸 볼 수 있어요. 감독들은 어떤 캐릭터를 설명할 때도 시각적인 디테일로 표현하려고 하거든요. 그 캐릭터가 무엇을 하고 있는지, 어떤 상황에 처해 있는지, 그 캐릭터의 방이 어떻게 생겼는지, 어떤 차림을 하고 있는지 등을 통해서요.

그러한 디테일들이 다 미장센인 거고요. 저는 미장센이 촘촘한 영화, 즉 디테일이 많은 영화를 "정보의 양이 많다, 밀도가 높다."라고 표현해요. 그런데 사실 한국 영화는 상대적으로 밀도가 떨어지는 편이에요. 지나가는 조연이나 엑스트라에게까지 스토리를 부여해서 그걸 시각적으로 표현하려고 하는 서구의 영화들에 비하면, 한국 영화는 상대적으로 얕게 느껴지는 경향이 있어요. 저는 그렇게 느껴지는 이유를 미장센 때문이라고 생각합니다.

전찬일   그렇지만 한국 영화 중에도 밀도와 농도가 높은 영화들이 있잖아요. 이창동 감독의 <*버닝2018*> 같은 영화요. 그 영화는 정말 압도적으로 밀도와 농도가 높은 영화예요. 일례로 주인공 종수의 방과 그 방을 담아내는 구도와 그곳을 비추는 빛 등만 봐도 감독이 인물을 어떻게 성격화하고자 했는지가 정말 잘 느껴지죠. 또, 박찬욱 감독의 <*헤어질 결심*>이나 <*아가씨2016*>도 굉장히 밀도와 농도가 높은 영화입니다. 박찬욱 감독은 미장센에선 정말 대한민국 최고예요. 봉준호 감독의 미장센도 많이 회자되지만, 최고는 박찬욱 감독이죠. 물론 <*기생충*>은 수직과 하강의 구도를 통해 영화의 메시지를 비주얼로 잘 보여 준, 미장센이 뛰어난 작품이지만, <*버닝*>이나 <*헤어질 결심*>에 비할 바는 안 되거든요. 미장센에서만큼은 박찬욱 감독을 따라 하기가 현실적으로 좀 어려운 것 같아요.

라이너   네, 그렇죠. 박찬욱 감독은 굉장히 디테일한 부분까지 시각적으로 신경을 많이 쓰잖아요. 색감은 물론 벽지 같은 소품까지, 미장센에 거의 모든 걸 투자하는 것처럼 보여요. 그렇다 보니, 박찬욱 감독 영화를 볼 때 미장센에 집중해서 보면 '이 감독이 영화를 이렇게나 잘 만드는 사람이구나.'라는 걸 새삼 알 수 있게 되죠.
그런데, 현실적으로는 박찬욱 감독처럼 미장센에 많은 걸 투자하기가 어려워요. 특히 신입 감독이라면 흉내 낼 엄두조차 못 낼 거예요. 미장센엔 어쩔 수 없이 자본이 들어가니까요. 게다가 영화 현장엔 수많은 스태프와 배우가 있잖아요. 그 현장에서 디테일에 집착하는 건 쉬운 일이 아녜요.

전찬일 　맞아요. 게다가 사실상 미장센이 영화를 흥행하게 만드는 필수요
　　　　소도 아니다 보니, 그렇게까지 미장센에 공을 들이기가 쉽지 않아
　　　　요. 박찬욱 감독의 영화는 평론가들이 극찬하잖아요. 인물의 내
　　　　면을 미장센으로 잘 드러내고, 영화 자체가 굉장히 촘촘하니까
　　　　요. 하지만 대중의 호응은 그에 비해 상대적으로 적은 편이에요.
　　　　오히려 봉준호 감독의 흥행 이력이 더 많죠. 왜 그럴 수밖에 없
　　　　냐면, 일반 관객은 미장센 같은 걸 비교적 덜 중시하면서 영화를
　　　　보기 때문이에요. 이야기의 흐름에 중점을 두니까요. 반면 평론
　　　　가들은 '이야기를 어떻게 구현해 냈는지'를 중점적으로 보는 사
　　　　람들이니까 영화 속 미장센을 뜯어보고, 감탄하는 거고요.

앞서 제안해 주신 대로 미장센의 요소들을 조금 더 구체적으로 나눠
서 이야기를 진행해 볼까 하는데, 어떤 것부터 다루면 좋을까요?

라이너 　박찬욱 감독 이야기가 나온 김에 구도 이야기를 먼저 해 보죠.
　　　　*<헤어질 결심>*을 본 많은 평론가가 그 영화를 굉장히 '히치콕스
　　　　러웠다.'고 평가해요. 물론 저도 그렇게 느꼈고요. 그렇게 느낀
　　　　이유 중 하나가 바로 구도 때문이에요. *<헤어질 결심>*엔 히치콕 스
　　　　타일의 과감한 촬영 구도를 사용한 장면이 많았거든요.
　　　　영화를 볼 땐, '영화 속 구도가 우리에게 뭘 전달해 주고자 하는
　　　　지'를 생각해 봐야 해요. 감독이 관객으로 하여금 답답함을 느끼
　　　　게 하기 위해 일부러 구도를 아주 치밀하게 짰을 수도 있고, 공
　　　　포를 느끼게 하기 위해 굉장히 기이한 구도를 짰을 수도 있거든
　　　　요. 카메라가 어떤 위치에 있느냐 혹은 어떤 렌즈를 사용하느냐
　　　　에 따라 분위기를 다르게 낼 수 있고, 그에 따라 관객에게 특정

감정을 느끼게 할 수도 있어요. 구도 자체만으로도 상당히 많은 걸 표현할 수 있는 거죠. 그렇게 인물의 감정이라든지, 영화적 상황 등을 한 장면에 담아낼 수 있는 것이 구도이기 때문에 매우 중요한 시각적 요소라고 할 수 있습니다.

전찬일   구도 이야기를 할 때마다 언급되는 대표적인 영화가 있어요. 일본의 오즈 야스지로 감독이 만든 <**동경 이야기**1953>라는 작품이에요. 아시아 영화 역사상 최고의 작품이라고 평가받는 영화죠. 이 영화는 1950년대 일본 사회의 모습을 한 가족을 통해 보여주는 작품인데요. 영화를 보다 보면 한 집 안에 가족이 모여 있는 장면이 나와요. 동경에 살고 있는 자식들을 만나기 위해 상경한 노부부와 아들, 딸 내외가 서열에 맞춰 딱 앉아 있고, 그 가족들을 감옥의 창살처럼 보이는 창문과 방문이 쫙 에워싸고 있죠. 이러한 구도를 통해 관객은 당시 일본 사회의 어떤 갑갑함 같은 걸 느낄 수 있어요.

<**동경 이야기**>뿐 아니라 오즈 야스지로 감독의 영화는 대체로 구도적인 특징이 명확해요. 구도를 통해 인물이 공간적으로 갇혀 있는 느낌을 주거나, **헤드룸**Headroom*을 거의 주지 않고 꽉 채우거나, 카메라로 인물을 비출 때 권력의 세기에 따라 다른 각도를 이용한다는 식의 특징이 있죠.

사실 일반 관객이 보기엔 오즈 야스지로 감독의 영화가 별것 없는 것처럼 보일 수도 있어요. 강렬한 드라마 같은 것도 없고, 굉장히 정적이니까요. 소시민의 일상, 집 안에서 벌어지는 일 그런 걸 주로 다루니까 스케일도 작아 보일 테고요. 그런데 평론가들

---

*   피사체의 머리 윗부분과 화면 상단 사이의 여백을 가리키는 말.

이나 감독들이 오즈 야스지로를 최고라고 치는 건 다 구도 때문이에요. 꽉 차 있는 구도의 어떤 치밀함 같은 걸 워낙 중시하고, 잘 쓰기 때문인 거죠.

라이너 《동경 이야기》 같은 경우에는 카메라 위치를 다다미 눈높이까지 낮춰 찍은 장면들이 많아요. 흔히들 '다다미 쇼트'라고 하는데, 그런 식으로 찍은 장면을 보면 다다미에 앉아서 그 인물들을 바라보고 있다는 느낌이 들어요. 선생님이 오즈 야스지로 감독 영화의 구도적 특징에 대해 간단히 얘기해 주셨지만, 추가로 이야기를 조금 더 해 보자면 이런 특징들도 있습니다. 인물들이 잘 마주 보지 않고 같은 방향을 향해 있는다든지 대화를 나누는 장면에서 두 인물의 등을 비춘다든지 하는 일이 많아요. 그런 구도는 굉장히 특별하죠. 사람들을 생각하게 만드니까요. '왜 두 사람이 마주 보고 있지 않은 걸까? 왜 이 장면에선 등을 보여 주는 걸까?' 하고요. 그러다 보면 답을 찾게 되기도 하죠. 또, 오즈 야스지로 감독의 영화에는 굉장히 은유적인 장면이 많아요. 배경 하나를 비출 때도 굉장히 은유를 담기 때문에 동적인 것 없이도 훌륭한 영화라고 평가받는 겁니다.

전찬일 제가 구도를 인상 깊게 본 영화가 또 생각났는데, 《슈퍼 에이트 시절2022》이라는 작품이에요. 노벨 문학상 수상자인 **아니 에르노*** 작가의 자전적 다큐멘터리인데, 전 남편이 찍어 놨던 영상을 아니 에르노와 아들이 재편집해서 내놓은 거예요. 십여 년간 찍어 둔 가족의 모습이 잘 담겨 있죠.

---

* 프랑스 작가. 자신의 삶을 솔직하게 풀어낸 작품들을 다수 발표해 2022년 노벨 문학상을 수상했다.

그 작품을 보면, 초반에는 아니 에르노의 모습이 많이 나와요. 그것도 상당히 가까이에서 담고 있고요. 그런데 뒤로 갈수록 점점 더 아니 에르노의 모습을 화면에서 보기 어려워져요. 뒷모습만 겨우 잡히거나 화면 밖으로 밀려나거든요. 가정의 불화, 소외 같은 걸 시각적으로 드러낸 거예요.

라이너　구도를 통해 인물 간의 관계를 설명한 거죠.

전찬일　그렇지. 다시 오스 야스지로의 감독 얘기를 하게 되는데, 그 감독의 영화 역시 말이 아닌 구도로 그런 것들을 다 설명했기 때문에 사람들이 지금까지도 극찬하는 거예요. 그걸 그렇게 잘하는 사람이 흔치 않거든요.

라이너　맞아요. 잘 못 찍은 영화를 보면 쇼트들이 굉장히 단조롭잖아요? 누가 봐도 텅텅 빈 것처럼 느껴지고요. 구도의 힘이나 미장센 기법을 충실히 담아내지 못했기 때문에 그런 건데요. 그런 걸 오스 야스지로 감독만큼 잘 담아내는 사람은 정말 흔치 않아요. 이쯤하면 구도에 관해선 충분히 이야기를 나눈 것 같은데, 색감 이야기로 넘어가 볼까요?

전찬일　그럽시다. 영화 하는 사람들은 색감 하면 보통 고 김기덕 감독이나 박찬욱 감독을 떠올릴 거예요. 김기덕 감독은 <악어1996>에서부터 꾸준히 색감에 방점을 찍었던 감독이니까. 박찬욱 감독은 앞에서도 언급했듯, 워낙에 색감에 신경을 많이 쓰고 잘 쓰는 감독으로 유명하고.

라이너   그렇죠. 그런데, 제가 개인적으로 색감 하면 항상 떠올리는 감독은 이재용 감독이에요. <스캔들 - 조선남녀상열지사2003>를 보면, 색을 그렇게 잘 쓸 수가 없겠다 싶거든요. 저는 그 영화를 봤을 때, 한복이나 음식, 풍경의 색을 그렇게 아름답게 활용할 수 있다는 것에 충격을 받았어요. 여러모로 안타까운 점이 많았던 <다세포 소녀2006> 역시 색감만큼은 나쁘지 않았고요. 작품 초반부 장면의 색감은 정말 독특하잖아요. 색감에 뛰어난 재능을 가지신 분이에요. 그래서 요즘 영화 작업을 못 하고 계신 게 너무 아쉬워요.

전찬일   저한테 당장 떠오른 영화는 김지운 감독의 <장화, 홍련2003>이에요. 색감에선 정말 아주 기념비적인 영화라고 생각합니다.

라이너   아, 정말 대단한 영화죠. 동감합니다.

저는 〈장화, 홍련〉 하면 포스터에서 보여준 검정색, 붉은색, 흰색의 대비가 떠오릅니다. 그런데 다시 보면, 색깔 말고도 눈에 들어오는 게 있더라고요. 바로 통일된 듯하면서 조금씩 다른 의상이죠.

전찬일   의상은 캐릭터를 드러내는 중요한 수단 중 하나죠.

라이너   의상은 일상에서도 중요하잖아요.

전찬일   맞아요. 일상에서도 의상으로 자기 연출을 하니까요. 영화에서 의상을 좀 더 신경 써서 보게 되는 때가 있다고 하면, 보통 사극을 볼 때인 것 같아요. 제가 의상을 인상 깊게 본 영화는 유명한 할리우드 사극 중 하나인 <더 페이버릿: 여왕의 여자2019>예요. 18세기 초 영국 왕실을 배경으로 한 작품이다 보니 여성 인물이 다 드레스를 입고 있는데, 그 드레스에 정말 신경을 많이 썼다는 게 느껴졌죠. 드레스의 색깔은 물론이고 모양이나 부피감 등을 통해 캐릭터의 품위나 성격 같은 걸 드러내거든요.

의상 전문가들이 그러는데, 다 같은 정장 차림이라 해도 캐릭터의 성격에 맞게 넥타이 색, 정장 핏, 기타 디테일 등을 많이 신경 써서 의상을 준비한다고 하더라고요. 캐릭터에 맞는 시각적 표현을 위해서 그러는 거죠.

조명도 참 중요하죠? 그런데 사실 일반 관객으로서 조명은 의식해 가며 보기도, 중요성을 느끼기도 좀 어려운 것 같아요.

전찬일 아이고, 조명. 조명만큼 중요하고 어려운 게 없지.

라이너 "영화란 무엇인가?" 하고 물으면, 촬영 감독들은 이렇게 답합니다. "영화란 빛의 예술이다." 이렇게 말할 정도로 조명은 정말 중요하고, 선생님 말씀대로 정말 어렵습니다. 언어로 설명하기 어려울 정도로요. 조명 감독이 괜히 따로 있는 게 아녜요. 조명을 치고 영화를 찍느냐, 그렇지 않으냐에 따라 완전히 다른 작품이 되요. 존재 여부만으로도 비교조차 할 수 없을 정도로 극적인 차이를 만들어 내는 게 조명입니다.

전찬일 편집자님 말대로 조명은 대중이 놓치기 쉬운 시각적 요소 중 하나예요. 왜냐하면, 일반 관객이 주로 접하는 대중 상업 영화들은 당연히 일정 수준 이상은 되도록 조명을 잘 치니까 그 중요성을 느끼기가 어렵죠. 조명의 중요성은 오히려 조명이 제대로 사용되지 못한 영화나 장면을 봤을 때 느끼기가 쉬워요.

그렇다면 조명이 허술한 영화나 장면을 예로 들어 주시겠어요?

라이너 저예산 영화들이 보통 그렇죠. 저예산 영화들은 딱 봐도 돈을 많이 안 썼다는 게 느껴지잖아요? 그게 조명 때문에 그렇게 보이는 거예요.

백승기 감독이라고, 아주 적은 돈으로 영화를 만드는 감독이 있어요. 대부분의 영화를 만들 때 거의 조명을 안 치는데, 그렇다 보니 영화들이 정말 'C급' 같아요. 눈 뜨고 볼 수 없는 작품들이 많죠. 그런데 이 감독이 <인천스텔라*2021*>라는 작품을 찍을 땐 제작비도 좀 들이고, 조명도 사용했어요. 그러니까 정말 때깔이 다른 영화가 나왔습니다. '백승기 감독 영화가 맞나?' 싶을 정도로요. 그분께는 실례되는 표현이겠지만, 백승기 감독이 그전까지 만든 영화들은 좀 장난 같았거든요? 그런데 <인천스텔라>는 영화 같았어요.

전찬일 프로페셔널리즘의 차이가 조명에서 많이 드러나긴 해요. 라이너가 조명은 제작비와 관련이 있다는 요지의 말을 잠깐 했는데, 맞아요. 예산에 따라 조명을 칠지, 안 칠지, 어느 정도 공을 들여 칠지가 정해지거든요. 독립 영화들은 조명 감독을 따로 두기조차 어려우니까, 그런 게 티가 날 수밖에 없는 거죠.

라이너   조명에는 정말로 돈이 많이 들죠. 장비 자체도 수천만 원씩 하
        는데다 조명을 잘 쓰는 감독은 그만큼 페이도 세니까.

조명을 잘 쓴 사례도 궁금하네요. 두 분이 '조명 참 잘 썼다.' 생각하
는 영화가 있다면 어떤 영화인지, 어떤 장면을 보고 그렇게 생각하게
되었는지 알려주세요.

라이너   조명은 너무나 어려운 부분이라 설명하기가 쉽지 않습니다. 작
        품을 하나 붙잡고, 그걸 하나씩 분석하면서 이야기해야 하거
        든요. 예를 들어 <콘크리트 유토피아2023>에서 이병헌의 얼굴을
        잡을 때 조명의 변화를 통해 감정을 전달한다든지, <킹 메이커
        2022>에서 설경구와 이선균이 대화를 나눌 때 조명 뒤에 나타나
        는 그림자 길이로 두 사람의 운명을 표현하는 것 같은 장면들이
        있습니다.
        대부분의 작품이 조명에 엄청나게 신경을 쓰고, 캐릭터를 표현
        하고자 해요. 캐릭터의 성격에 따라 조명의 색을 결정하는 경우
        도 있죠. 차갑고 위험한 인물이라면 어둡고 푸른 조명을 써서
        그 성격을 보이고, 뜨거운 인물이라면 반대일 겁니다. 최근에는
        <듄2021>이라는 영화에서 사용한 조명을 보며 감탄한 적이 있습
        니다. 하늘에 뚫린 구멍을 통해 자연광이 내려오는 장면을 연출
        하면서 영화의 거대한 스케일과 인물들의 움직임, 그리고 앞으
        로 일어날 일을 예상하게 만드는 장면들이 좋았습니다.

전찬일   라이너가 조명 효과에 대해 워낙 상세히 설명해 줘 더 이상 부
        연이 필요 없을 듯도 한데, 좀 더 덧붙이면 조명과 연관해 개인

적으로 가장 먼저 떠오르는 예들은 일련의 흑백 무성영화들이에요. 그 중에서도 1920년대 무성영화 황금기를 이끌었던 독일 출신의 세계적 거장 프리드리히 빌헬름 무르나우의 <노스페라투1922>가 대표적이죠. 명암의 대비가 뚜렷한 키아로스쿠로(Chiaroscuro, 명암법, 음영법) 조명이 가히 압도적입니다.

노스페라투는 저작권 문제 때문에 그 유명한 브람 스토커의 '드라큘라'라는 캐릭터 명 대신 쓰인 용어인데, 그 선택이 적중해 영화는 비단 무성영화에서만이 아니라 세계 영화사상 최고 걸작 중 하나로 평가되고 있죠. 그러니 최초의 (비공식적인) 드라큘라 영화 버전인 셈이네요. 자료에 따르면, 그럼에도 영화는 브람 스토커의 부인과 소송전을 벌인 끝에 원본을 비롯한 필름 대다수가 소거되었다네요. 현존하는 영상 자료는 다른 나라에 넘어가 지워지지 않은 복사본이라는데 어찌나 감사한지 모르겠어요. 제가 가장 좋아하는 무성영화 중 한 편이고 호러 영화 중에서 1순위로 손꼽는 최고작이라서요. 그림자를 적극 활용한 몽환적 영상과 악몽 같은 흡혈귀의 모습 등 마치 꿈 속 환영 같은 맛을 만끽할 수 있어요. 그 효과를 결정적으로 조명이 좌우하는 거죠.

그밖에도 1920년대 말 이후의 사운드 영화 시기로 가면, 쥘리앙 뒤비비에 감독 장 가뱅 주연의 《망향1937》이나 마르셀 카르네 감독, 역시 장 가뱅 주연의 《안개 낀 부두1938》 등 1930년대 후반 프랑스 영화계를 풍미했던 이른바 '시적 사실주의' 계열의 영화들이나, 시적 사실주의 등에 영향을 받아 1940년대 중후반부터 등장한 필름 누아르 스타일의 영화들도 미술에서의 인상주의적이며 모호한 조명을 선호했죠. 그런 영화들에서는 으레 밝은 조명에서 표현되기 마련인 여느 할리우드 영화들과는 달리 인물들의 이미지가 선명히 드러나지 않곤 하죠. 조명이 주제를 드러내는 주된 장치인 거랄까요.

조명을 이용하는 방법 중에 일부러 잘 안 보이게 찍는 경우도 있을까요? 가끔 보면 너무 어두워서 무슨 장면인지 알아보기가 어려운 경우가 있는데 조명이나 후보정 또는 영화관의 문제인지, 아니면 일부러 그렇게 의도한 건지 헷갈리더라고요.

라이너 영화에 따라 달라요. <블랙팬서: 와칸다 포에버>에도 어두워서 뭐가 뭔지 잘 보이지 않는 장면들이 있잖아요? 그런데, 그런 경우에는 조명 문제일 리가 없겠죠. <블랙팬서: 와칸다 포에버>는 예산이 빵빵할 수밖에 없는 할리우드 영화니까요. 그건 후보정을 할 때 일부러 밝기를 낮춘 거예요. 극적 필요에 의해서요. 관객 입장에선 답답함을 느낄 수 있겠지만, 그런 답답함까지 의도한 연출인 거죠.

그리고 CG(컴퓨터 그래픽)를 많이 사용한 영화일수록 일부러 어둡게 처리하는 경우가 많아요. CG 티를 덜 내기 위해서요. 너무 밝은 장면에 CG 합성을 하면 그게 배경이랑 뜨는 게 보이거든요. 그린스크린이나 블루스크린 같은 데서 **크로마키 기법***을 이용해 찍은 장면도 그렇고요. 크로마키 기법을 쓰면 배경과 사람을 자연스럽게 보이게 하기가 쉽지 않은데, 어둡게 보정하면 제법 근사하게 보이기 때문이죠. 하지만 워낙 기술이 발전하고 있으니까 나중엔 밝고 자연스러운 CG도 많이 볼 수 있지 않을까 싶어요.

---

* 그린스크린이나 블루스크린 같은 단색 배경 앞에서 배우가 연기를 한 뒤, 편집 과정에서 단색 배경 부분에 다른 장면을 합성해 넣는 기법. 영어로는 Chroma Key다.

관람

영화는
관객이 보아야
비로소 완성된다

이런 질문을 드리고 싶습니다. 보통 취향에 따라 영화를 고르잖아요. 그런데, 영화를 더 재미있게 보려면 재미없는 영화도 봐야 할까요?

전찬일　훈련을 위해서라면, 취향에 맞지 않는 영화도 봐야죠. 영화를 보는 이유가 단순히 '시간이 날 때, 재미있는 것을 보기 위해서'라면 굳이 그럴 필요는 없겠지만, 영화에 대해 본격적인 관심이나 욕심이 좀 생긴다면, 다채로운 영화에 도전해 보기를 추천해요.

주류 영화관에서 볼 수 있는 영화는 워낙 뻔하잖아요? 한국 상업 영화나 할리우드 영화가 대부분이고, 가끔 프랑스나 중국, 일본 영화가 개봉하는 정도니까요. 좀 더 다채로운 영화로 다양한 문화 경험을 해 보고 싶다고 느낀다면, 영화제에 가보세요. 영화제에선 평상시에 보기 어려운 영화, 흔히 접하기 힘든 나라의 영화들을 볼 수 있거든요. 애초에 그러라고 있는 게 영화제고요.

라이너 　저는 '알면, 사랑하게 된다.'라고 생각하는 사람이에요. 음악만해도 어디 가서 내가 아는 노래가 나오면 귀를 더 기울이게 되고, 좋아하게 되잖아요. 하지만, 잘 안 듣는 장르의 음악이라면 그 음악이 뛰어나고 안 뛰어나고를 떠나서 좋아하게 되기가 어려워요. 왜냐면, 들어 본 적이 없으니까요.

취향에 맞지 않는 영화라고 해서 그걸 안 보거나 도전할 생각조차 하지 않는다는 건, 더 많은 영화를 좋아할 기회를 버리는 것이라고 생각해요. 그래서 저는 많이 알고 경험하는 게 너무나 소중하다고 말하고 싶습니다. 친하지 않은 영화라고 멀리하기보단, 친해져 보려고 시도하는 게 중요해요. 그러면, 좋아하게 될 수도 있어요.

전찬일 　맞아요. 어느 단계에선 취향을 넘어 본인이 그동안 경험해 보지 않은 것을 시도해 보려는 노력을 의식적으로 할 필요가 있습니다. 취향이라는 게 참 중요한 거긴 하지만, 취향에만 머무르지 않고 자기 취향을 한 번쯤은 넘어서는 노력을 해 보면 이제까지 느껴 보지 못한 재미를 느낄 수 있지 않겠어요? 그리고 어느 정도 마음에 든 영화를 만나게 된다면, 다시 보기도 추천해요.

프랑수아 트뤼포* 감독이 했다고 알려졌던 말 중에 "같은 영화를 두 번 보는 게 영화를 사랑하는 첫 번째 방법이다."라는 말이 있어요. 제가 정말 절실히 공감하는 말이에요. 본 걸 또 보는 게 좀 불필요한 일처럼 느껴질 수도 있지만, 두 번 이상 봄으로써

---

* 　프랑스 영화감독 겸 영화 평론가. 장-뤽 고다르, 에릭 로메르, 자크 리베트, 클로드 샤브롤 등과 더불어 프랑스 누벨바그를 대표하는 인물이다. 1959년 칸 영화제 감독상을 거머쥔 데뷔작 <400번의 구타>를 비롯해 <피아니스트를 쏴라>(1960), <쥴리 앤 짐>(1962), <사랑의 묵시록>(1973), <마지막 지하철>(1980) 등이 대표작이다.

완전히 다른 감상을 경험하게 될 수도 있어요. 저만 해도 *<도둑들>* 과 *<해운대>*를 다시 보고 감탄했다고 했잖아요. 이전에는 느끼지 못했던 김혜수 배우의 광채에 눈이 머는 줄 알았다고….

라이너 선생님, 김혜수 배우 때문에 눈이 머서서 *<해운대>*가 재미있어 보이셨던 거 아닙니까?

전찬일 아니야. *<해운대>*를 먼저 봤는걸.

라이너 그렇다면, *<해운대>*를 보고 눈이 멀 뻔하신 건 아닐까요? 김혜수 배우의 광채 때문이 아니라.

전찬일 아이참, 아니라니까. 아무튼, 여러 번까지는 어렵더라도 같은 영화를 두 번 이상 보는 건 정말 중요한 거예요.

라이너 (웃음) 맞아요. 같은 영화를 여러 번 보다 보면, 평론가처럼 볼 수 있어요. 그러다 한 백십 번쯤 보면, 자기도 모르게 현미경을 들이대고 영화를 보게 될 거거든요. 여러 번 볼수록 새로운 게 보이면서, 더 깊게 볼 수 있습니다.

전찬일 진정한 영화 팬은 영화 한 편을 여러 번 보는 사람이에요. 음악만 해도, 좋아하는 음반을 한 번만 듣고 모셔 두진 않잖아.

라이너 그렇죠. 공연도 다 아는 노래, 아는 퍼포먼스를 하는데 여러 번 가서 보고요. 공연만 해도, 반복해서 보다 보면 의상, 동작, 효과,

무대 장치 등 더 많은 것을 보게 되잖아요. 그렇게 안목이 생기는 거거든요. 영화도 마찬가지입니다. 그리고 다른 사람의 비평을 읽어 보는 것도 안목을 키우는 데 도움이 되요. 나아가 스스로 나름 평론을 해 보고 다른 사람 것과 비교해 본다면 더 좋고요. 어떤 걸 감상하고 내 감상을 글로 써 본다는 거, 너무나도 바람직한 감상법 아니겠습니까?

전찬일   정말 바람직한 방법이죠. 프랑수아 트뤼포 감독과 관련된 말*을 또 인용해야겠네요. "영화를 사랑하는 두 번째 방법은 영화에 대해 글을 쓰는 것이다." 나름의 평론을 써 보는 건 정말 좋은 감상법이에요. 그런데, 다른 사람의 비평을 참고할 때는 참고만 해야 해요. 이전에도 말했지만, 평론가의 평은 어디까지나 참고하면 좋은 자료인 거지 '난 이 영화가 좋았는데, 이 평론가는 별을 세 개 줬네? 내가 영화를 잘못 본 건가?' 할 필요는 없다는 겁니다. 참고한 의견에 동의할 건지 그와는 다른 자신만의 생각을 정리할 건지는 본인에게 달린 거예요. 또, 남의 비평을 참고한다면 언제 그 비평을 볼지 고려해 볼 필요도 있어요. 영화를 보기 전에 참고할지, 보고 나서 참고할지. 그건 어느 게 맞고 틀리다 하긴 어려운 것 같고, 사람마다 선호하는 게 다를 거예요.

라이너   저는 영화를 보고 난 뒤에 다른 사람의 의견을 보는 걸 가장 이상적이라고 생각하는데, 상황상 그러기가 쉽지 않은 것 같아요. 요즘엔 사람들이 영화 리뷰에 엄청나게 신경 쓰고, 많이 찾아보

---

*   "영화를 사랑하는 첫 번째 방법은 같은 영화를 두 번 보는 것이고, 두 번째 방법은 영화에 관한 글을 쓰는 것이며, 세 번째 방법은 영화를 만드는 것이다." 트뤼포 감독의 말로 알려진 이 어록은 너무나 트뤼포답지만 사실 출처가 불분명하다.

잖아요. 영화 티켓값이 칠천 원 하던 시절에는 비교적 부담 없이 그냥 보러 갔어요. 딱히 재미없어 보이는 영화라도 두 시간 정도 시간 때울 일이 필요하면 그냥 보는 경우도 꽤 있었고요. 그런데 지금은 티켓값이 만오천 원 돈 하니까, 부담 없이 시도해 보기엔 조금 어려운 가격이에요. 그러니까 사람들이 자꾸 리뷰를 찾아보는 거죠. 최대한 손해 보지 않으려고요.

상황이 이렇다 보니, 요즘은 리뷰의 중요성이 엄청나게 커졌어요. 영화사 측에서도 마케팅에서 제일 중요한 게 리뷰라고 할 정도로요. 유튜브 리뷰뿐 아니라, 웹사이트나 블로그 같은 곳에 올라오는 글까지 포함해 정말 많은 리뷰가 쏟아져 나오니까, 영화를 보고 난 뒤에 다른 사람의 의견을 참고하고 싶어도, 쉽지 않은 것 같아요.

지금은 VOD로도 편하게 볼 수 있는 환경이다 보니 '영화관엘 꼭 가야 하나?'라는 의문이 들기도 해요. 두 분은 영화는 영화관에서 봐야 한다고 생각하시나요?

전찬일 네. 가능하면 영화는 영화관에서 보는 게 가장 좋죠. 대신 아무 영화관이나 가면 안 되고, 조건이 좀 괜찮은 영화관을 알아보고 가길 추천합니다. 너무 오래된 영화관은 요즘 만드는 영화가 구현하고자 하는 화질과 음질을 제대로 구현해 내지 못하는 경우가 많거든요.

화질과 음질 모두 영화를 만드는 사람들이 정말 많이 신경 쓰고 공들이는 부분들인데, 그걸 영화관 인프라 때문에 제대로 감상하지 못한다면 너무 아쉽잖아요. 그러니까, 보는 사람들도 좋은 조건에서 영화를 보기 위해 의식적으로 노력을 해 주면 좋겠어요. 흔히들 '용아맥'이라 부르는 CGV 용산의 아이맥스IMAX관, 이런 곳도 찾아가 보고요.

라이너 영화관의 컨디션, 정말 중요하죠. 영화관 중에는 옛날 영화관 상태 그대로인데, 멀티플렉스 간판만 달아 둔 곳도 많아요. 이런 곳들은 스크린이 너무 위에 붙어 있거나 스피커에서 찢어지는 소리가 나기도 해서 영화 감상에 집중하기가 쉽지 않아요. 올려다 보면 목도 아프고 소리 때문에 귀도 아프니까요. 선생님이 말씀하신 용아맥이 영화 좋아하는 분들한텐 정말 유명한 곳이잖아요? 예매가 치열할 정도로, 영화를 좋아하는 사람들이 많이 찾아가는 곳이죠.

용아맥이 세계적으로도 손에 꼽히는 수준의 대형 스크린을 보유하고 있긴 하지만, 영화 애호가들이 그렇게까지 용아맥을 찾는 이유가 꼭 스크린의 크기 때문만은 아니에요. 국내에서 아이맥스를 제대로 구현*하는 상영관이 거기뿐이라 그런 겁니다. 아이맥스 필름의 해상력을 제대로 표현할 수 있는 레이저 영사기가 용산 아이맥스에만 있거든요. 그래서 영화 팬들이 CGV 욕을 많이 하죠. 아이맥스는 한 국가당 한 브랜드하고만 독점계약을 맺는데, 우리나라에서 그 계약을 맺은 게 CGV거든요. 그런데 제대로 된 규격과 영사기를 갖춘 상영관이라곤 용아맥뿐이니까, 욕할 만해요.

메가박스가 들여 온 돌비 시네마도 제법 괜찮아요. 방대한 화면

---

* 아이맥스에서는 큰 화면도 화면이지만, 큰 화면에 걸맞은 고화질과, 아래위 잘림 없는 1.43:1의 화면비율도 이에 못지않게 중요하다.

크기를 내세우는 아이맥스와는 조금 다르게, 돌비 시네마는 선명한 화질과 색감, 풍부한 사운드 이런 걸 내세우는 상영 시스템인데요. <매드 맥스: 분노의 도로2015> 같은 영화는 돌비 시네마에서 보면 훨씬 인상 깊게 볼 수 있어요. 하지만 보통의 영화들로는 그 시스템이 추구하는 리얼함이나 입체적 공간감을 관객이 체감하기가 좀 어려운 것 같아요. 저도 화면에 굉장히 민감하고, 영사 기술에 관심이 많아서 스크린의 종류라든지, 영사 방법, 상영 시스템 같은 것을 많이 찾아보고 열심히 경험해 보는데, 아이맥스에 비하면 돌비 시네마는 일반 상영관과의 차이가 크게 와닿지 않더라고요.

아이맥스는 한눈에 딱 봐도 크기가 크고 규격이 다르니까 그 차이가 확연히 느껴지잖아요? 그런데 돌비 시네마는 미세한 색감, 사운드의 차이로 승부를 보는 시스템이니까 특별함을 확 체감하기가 어려운 것 같아요. 그래서 아직까진 다들 용아맥을 1순위로 찾나 봅니다.

어디선가 이런 내용의 글을 본 기억이 있어요. '3D 영화는 앞쪽 중앙 좌석, 외국 영화는 중간 가장자리 좌석이 좋다.' 정말로 영화마다 추천 좌석이 따로 있을까요?

라이너   웬만한 상영관이라면 중앙 뒷열이 가장 좋죠. 그런데, 아이맥스 상영관이라면 중앙에서 조금 앞열이 좋습니다. 아이맥스 시스템의 의도가 '꽉 차게 보는 것'이거든요. 그렇기 때문에 중앙보다 약간은 앞쪽에서 봐야 그 의도대로 아이맥스를 만끽할 수 있어요.

라이너 선생님께서 여러 스크린, 상영 시스템을 경험해 보는 편이라고 하셨는데, **4DX** *나 스크린 엑스(ScreenX)** 같은 특수 상영관에서의 관람도 선호하시나요?

라이너   우리나라에 저만큼 4DX 영화를 많이 본 사람이 없을 거예요. 장담합니다. 그런데, 저는 개인적으로 별로예요. *<탑건: 매버릭 2022>*처럼 몰입감이 엄청난 작품도 있긴 하지만, 전 아직 4DX 자체에 좀 부정적이에요. 예를 들어 '오감 자극 체험'이라는 명목으로 연기가 나거나 폭발하는 장면이 나오면 실제로 연기를 쏘거든요? 근데 그 연기가 올라가면서 화면을 가려요. 그리고 물도 뿌리고, 뜨거운 공기도 뿜고, 의자도 흔들고…. 저는 이런 게 오히려 편안한 감상을 방해한다고 느꼈어요.

스크린 엑스는 상대적으로 좋았습니다. 그게 스크린 옆 벽 부분까지 화면으로 쓰는 거거든요. 중요한 장면에서 화면이 확 넓어진단 말이죠. 하지만 시야가 확 트이는 건 좋은데, 대신 양쪽에서도 빛이 나오니 일순간 상영관이 너무 밝아진다는 문제가 있어요. 시대가 바뀌면서 영화관의 새로운 시도들이 계속 늘어나고 있는데, 아직 아이맥스만큼 좋다고 느낀 상영관은 없었던 것 같아요. 계속 자주 시도하긴 하지만, 선호하지는 않습니다.

전찬일 선생님은 어떠세요? 선생님도 특수 상영관은 아직 시기상조라고 생각하시나요?

---

*   CJ그룹의 CJ4DPLEX가 세계 최초로 상용화한 오감체험형 상영 시스템. 영화 장면에 따라 바람, 진동, 빛, 안개, 향기 등의 효과를 느낄 수 있다.
** 기본 스크린과 더불어 양 옆 벽면을 스크린으로 사용하는 CGV의 특별관.

전찬일　지금 와서 보니 저는 아이맥스나 가끔 갔지, 4DX 같은 건 한 번 정도밖에 경험을 안 해 본 것 같아요. 그나마 그 한 번도 재미가 없다고 느꼈고요. 제가 이 방면엔 호기심이 적어서 그런 것도 있겠지만, 저는 그런 '새로운 체험'을 강조하는 상영관엔 잘 안 가게 되요. 새로운 포맷에 맞춰 영화를 보는 재미가 생기면 또 달라질 수도 있겠죠.

라이너　'새로운 체험'이라 하시니, VR 영화 생각이 나네요. VR 영화는 정말 신기해요. 영화 속 장면 안에서 여기저기 다 둘러볼 수 있거든요. 대신 정작 중요한 장면엔 집중하기 어렵다는 치명적 단점이 있어요. 앞에서는 배우가 연기를 하고 있는데, 다른 델 자꾸 보게 되요. '우와, 신기하네. 저건 뭐지? 어? 저건 또 뭐지?' 이러면서요. 앞에 흘러가는 이야기엔 집중을 못 하는 거죠. 이런 단점 때문에 아직은 VR 영화가 갈 길이 먼 것 같아요.

전찬일　VR 영화는 장편화 되기도 힘들죠. 저도 베니스 영화제에서 선보인 한국 VR 영화를 경험해 본 적이 있어요. *<시인의 방* 2022*>*이라는 작품이었는데, 20분 정도만 봐도 굉장히 힘들어지더라고요. VR 영화가 장편이면 관객이 너무 힘들어 할 것 같아요. 단편까지는 재미 삼아, 체험 삼아 볼지 모르겠지만 확산되기엔 좀 한계가 있는 것 같아요.

라이너　맞아요. VR 영화는 전통적 의미에선 영화라고 받아들이기 어려운 것 같기도 해요. 우리는 아직 영화를 '감상하는 것'이라고 생각하고 있으니까요. 체험하는 영화는 아마 새로운 장르, 새로운 매체로 탄생하지 않을까 예상해 봅니다.

"다큐멘터리는 세련됨보다는

소재와 문제의식에 집중하여 보게 됩니다. 그런 면에서 웰메이드인 작품이 이거죠."

감 독 강상우
각 본 강상우, 고유희, 신연경, 안지환, 양희
출 연 주옥, 양동남 등
개 봉 2019년
관객수 16,840명

"그대,
진실의 방아쇠를 당겨라!"

"사진 한 장으로부터
시작된 광주의 진실"

1980년 5월. 브라우닝 소총을 앞에 두고 카메라를 바라보는 사진 속 남자. 머리띠에 적힌 이름을 따서 그의 이름은 '김군'이라고 불려졌다. 극우논객 지만원은 사진 속 인물의 정체를 북한의 고위직인 김창식이라고 주장한다. 그러면서 당시 사진에 찍힌 많은 인물들도 북한의 고위직 인물이라고 주장한다. 이는 통칭 '광수'라는 이름으로 세상에 알려진다. 그러나 당시를 살았던 사람들은 그를 김창식도 광수도 아닌 광주의 이름 모를 청년으로만 기억한다.

영화는 왜곡에 맞서 사진 속 '김군'의 진짜 이름을 찾는 이들의 모습을 필름 안에 담아낸다. 각자 조금씩 기억하는 생존자들의 증언을 통해, 슬프고도 처절한, 1980년 5월의 '김군'의 진짜 모습이 관객 앞에 조금씩 드러난다.

"디지털 자체를

굉장히 따뜻하게 그려냈습니다.
아마 이런 다큐는 또 없을 거예요."

감 독 박윤진
각 본 박윤진
출 연 박윤진
개 봉 2020년
관객수 2,873명

"망겜 일랜시아,"

"이곳에
아직 우리가 있다."

과거 국내 최대 이용자 수를 자랑했던 클래식 RPG 게임 '일랜시아.' 현재는 운영진에 버림받은 대한민국 대표 망겜! 감독은 매크로와 해킹이 난무하는 무법천지 게임 세계에 여전히 남아 있는 유저들에게 질문을 던진다. "일랜시아 왜 하세요?" '망겜 심폐소생 현실 어드벤처'라는 부제처럼 영화는 잊혀진 게임, 아니 버려진 게임인 일랜시아를 되살리기 위해 동분서주하는 사람들의 모습을 다룬다. 삶은 쇠락해가고, 게임도 쇠락해가지만 이들은 삶을 붙들고 살아가듯, 게임 역시 붙들고 살아간다. 희망은 '어쩌면'이란 말 속에 숨기고 그저 숨을 참듯, 혹은 숨을 쉬듯.

장르

영화를 분류하다

장르
영화를 분류하는
대표적인 방법

영화를 분류한다고 하면 장르 이야기가 빠질 수 없을 것 같은데요. 흔히들 쓰고는 있지만 장르가 정확히 무엇인지, 어떤 기준으로 나누는지는 설명하기 어려운 것 같아요.

전찬일 영화 연구에서 제일 어려운 게 '장르'예요. 제일 만만하면서도 제일 어려워. 왜냐하면, 명확하게 합의된 바가 없어서 굉장히 모호하거든요. 중복된 것도 많고요. 장르 연구가 늦게서야 이루어지기 시작해서 그래요. 장르라는 용어가 1910년대를 전후해 쓰이긴 했지만, 연구가 본격적으로 이루어진 건 1960년대, 1970년대를 지나서예요. 그전까진 굳이 연구할 필요성을 못 느꼈던 것 같아. 너무 당연하고 편하게 써 왔던 구분이니까.
앞서 잠깐 언급했듯, 장르는 쉽게 얘기하면 비슷한 패턴끼리 묶어 놓은 것, 패턴화한 것이라 할 수 있는데, 그 패턴을 적용하는 근거가 너무 다양해요. 스타일, 내용, 세계관, 미장센, 다루는 소재 등등 기준이 너무 제각각이니까 사람마다 다 다른 주장을 펼치게 되고, 장르라고 하는 게 계속 바뀌어요. 대표적인 예가 멜로 드라마죠. 멜로 드라마는 거의 모든 장르에 다 해당하기 때문에 따로 장르로 분류하지 않았는데, 지금은 장르로 치고 있잖아요? 누아르의 경우도 비슷해요. 필름 누아르는 사실 장르가 아니라 스타일이에요. 엄격한 의미에선 장르라고 말할 수 없죠. 그런데, 그냥 장르로 통용되죠.

장르를 구분하는 건 사실상 편의를 위해서예요. 수용자 입장에서 볼 때는 좀 부정확해도 문제가 되지 않잖아. 그러니까 엄격하게 구분하지 않고 그냥 통용되면, 그걸 장르로 치는 거예요.

라이너 장르는 형식적으로 존재하는 거예요. 이야기를 기준으로 멜로 드라마인지, 기사도 로망인지 나누기도 하고, 스타일과 경향, 추상적 이미지를 기준으로 나누기도 하죠. 그래서 **하드보일드**Hard-boiled* 처럼 뭔지 정확히 알기 힘든 것까지 장르로 취급되는 거고요. 그냥 우리가 공통점을 파악하고 카테고리화하면 그게 장르로 굳어지는 거고, 이렇게 끊임없이 장르는 재생산돼요.

전찬일 심지어 장르끼리도 마구 혼재돼 있어요. 책마다 주장도 다 다르고. 그래서 제가 영화 공부할 때 장르 부분을 가장 어렵게 느꼈어요.

라이너 기준이 명확하지 않아 코에 걸면 코걸이 귀에 걸면 귀걸이잖아요. 두부 자르듯 자를 수도 없는데다가, 계속 생겨나니까 아주 어려운 거죠.

---

* 1930년을 전후하여 미국 문학에 나타난 창작 스타일. 냉철하고 비정하게 인물이나 사건을 묘사하는 특징이 있다. 시간이 지나며 영화 용어로 확장되었다.

혹시 장르 연구가 본격화된 계기 같은 게 있었던 걸까요?

전찬일 예전엔 장르 영화가 예술 영화에 비해 싸구려 취급을 당했어요. 그러다 작가 연구가 진행되면서, 장르 영화를 통해 천재성과 창의성을 드러냈던 할리우드 작가 여럿이 주목받게 됐죠. **존 포드*** 나 **하워드 혹스**** 같은 작가들이요. 그런 작가들을 연구하는 데 장르를 떨어뜨려 놓을 순 없으니 자연스럽게 장르도 연구 대상으로 보게 되었고, 그렇게 장르 연구가 본격화된 거예요.

이제 장르를 빼놓고는 대중 영화를 말할 수 없죠. 관객이 영화를 볼 때 가장 먼저 따지는 것 중 하나가 '장르가 뭐냐'니까. 요즘은 장르가 영화 선택에서 최우선적인 기준이 된 것 같아요. 장르에 따라 보고 보지 않고를 결정하는 사람이 많잖아요.

라이너 예전에는 정말 장르 영화를 좀 낮게 잡아보는 경향이 있었어요. 1970년대까지만 해도 액션 영화는 영화로 보지 않았으니까. 어느 정도였냐면, 액션 영화 찍을 때도 '영화 찍으러' 간다고 하지 않고 **'다찌마리***** 찍으러' 간다고 했어요. 그 당시엔 그만큼 수준 낮은 장르 영화가 많이 쏟아졌던 것도 사실이니까요. 그런데 선생님이 말씀하신 것처럼 할리우드의 위대한 영화감독들이 장르를 분화시켰고, 장르 영화 특유의 방법론을 적극적으로 받아들이고 도입하는 이들이 생기면서 장르 영화의 문법도 생겨난 거죠. 그런 의

---

*   미국의 영화감독으로, 아카데미상 감독상을 네 차례나 수상했다. 미국 영화의 상징적 인물로 평가된다.

** 미국의 영화감독으로, 존 포드와 함께 할리우드 영화의 거장 1세대로 꼽힌다. 거의 모든 장르에 걸쳐 걸작들을 만들어냈다.

*** 다찌마와리(立ち回り, たちまわり)라는 일본어에서 유래된 영화 업계 용어. 국내 업계에선 주로 '액션활극'을 낮잡아 이르는 말로 쓰였다.

미에서 장르는 앞으로도 계속 생겨날 거고, 혼재될 거예요. 이미 많이 혼재됐긴 하지만요.

<닥터 스트레인지: 대혼돈의 멀티버스2022>를 보면 중반부까진 거의 공포 영화잖아요? 공포 영화의 문법과 방법론을 그대로 사용했기 때문에 그런 건데, 전체적으로 보면 여러 장르가 혼재되어 있어요. 요즘은 이렇게, 장르가 혼재된 영화가 많은 것 같아요.

전찬일 지금 통용되는 장르 구분을 보면, 참 막연하고 의미 없는 게 많아요. 예를 들면, 코미디 같은 경우. 코미디도 결국은 드라마 아닌가요? 그런데 또 드라마라고 하면, 그것처럼 막연한 게 어딨나 싶고….

라이너 그래서 장르 설명에 이렇게 적기도 하잖아요. 범죄, 액션, 드라마. 이렇게 장르가 셋이라고. 요즘 영화가 대부분 그렇죠.

전찬일 그중에서도 '액션'이라는 분류가 가장 남용되고 있는 것 같아요. 사실 영화는 기본적으로 액션을 통해 이루어지니까, 액션물이라는 구분 자체가 의미 없거든요. 뭐, 시종일관 치고받고 쫓고 쫓기는 영화라면 굳이 그렇게 분류할 수 있겠지만요. 그런데 <올드보이> 같은 작품까지 액션물로 분류하는 건 남용이 맞죠. 그 영화에 나오는 장도리 시퀀스가 정말 강렬한 인상을 주니까 그렇게 분류했나 본데, <올드보이>는 액션 영화가 아니에요. 강렬한 드라마를 보여 주는 영화고, 몇몇 장면에서 액션이 조금 나오는 것뿐이지.

라이너 그러니까요. *<헤어질 결심>*도 박해일(남자 주인공)이 두 번만 더 싸웠으면 액션이라고 했을걸요. 액션이라는 말이 이해하기 어려울 정도로 남용되고 있는 건 맞는 것 같아요.

전찬일 대중이 액션을 워낙 좋아하다 보니까 상업적으로 남용되는 거죠. 액션 말고도 의미 없는 구분을 너무 많이 하는 것 같아요.

라이너 그런데, 이해는 가요. 확실히 마케팅적으로 보면, 장르에 '드라마'라고만 적긴 좀 부담스럽잖아요. 드라마라 그러면 왠지 재미없을 것 같다는 느낌이 있으니까. 그래서 액션씬이 조금만 있어도 일단 액션이라고 하고, 괜히 '범죄' 같은 것에 장르라고 덧붙이고…. 대중이 화려한 볼거리, 자극적 소재 위주의 영화를 찾으니, 거기에 맞추기 위해 그런 것이겠죠.

SF와 판타지

사회의 현실과
미래에 대한
은유

장르 얘기를 시작할 때부터 이걸 물어보고 싶었는데, 이번이 딱 좋은 기회인 것 같습니다. 혹시 두 분 선생님은 좋아하거나 싫어하는 장르가 있으신가요?

라이너 저는 정말 다양한 장르를 좋아하는데요, 그중에서도 좀비 영화, SF 영화, 공포 영화를 특히 좋아해요. 제가 한창 재난 영화, 좀비물 같은 포스트 아포칼립스물에 미친 때가 있었어요. 그때 그런 장르의 영화를 작정하고 섭렵했죠. B급 영화부터 시작해서 별별 작품을 다 찾아봤어요. **고질라**(고지라) **시리즈***만 해도 1950년대 버전부터 <*고질라 VS. 콩*2021>까지 모든 버전을 다 봤다니까요? 그래서 제가 다른 평론가에 비해 그쪽에 강점이 있어요. 누구보다 다양한 레퍼런스를 들면서 자세하게 말할 수 있거든요.

---

* 일본에서 제작한 <고지라>(1954)와 그 후속작들, 미국에서 제작한 <고질라>(2014), <신 고지라>(2016), <고질라 VS. 콩>(2021) 등 고지라 괴수물 시리즈를 총칭한다.

그러면 라이너 선생님께 먼저 부탁드리겠습니다. 그 전에, 어째서 그런 장르들을 좋아하시게 되셨는지부터 말씀해주시고요.

라이너 저는 포스트 아포칼립스물에 나오는 '파괴된 도시의 모습'에 굉장한 매력을 느껴요. <*28일 후*2022> 같은 걸작 좀비 영화를 보면, 아주 잠깐이지만 영국 런던의 황량한 모습을 보여 주는데요. 저는 그런 시퀀스, 그러니까 파괴된 문명이나 도시를 보여 주는 시퀀스가 그 장르의 굉장히 중요한 포인트라고 생각해요. 그래서 그런 장면이 없으면 포스트 아포칼립스물이라고 인정하지 않죠. 저는 그런 장면을 보면 이런 생각이 들어요. '어쩌면 우리가 쌓아 올린 인류 문명이라는 것이 저렇게 한순간 무너져 내릴 모래성과 같을지도 모르겠다.' 저는 그러한 시퀀스를 일종의 은유라고 봐요. 현대 문명 사회가 결국엔 다다르게 될 끝을 보여 주며 무언의 경고를 하는 거죠.

재난 영화를 좋아하는 이유도 비슷합니다. 저는 재난이 문자 그대로의 재난이 아니라 은유로 와닿을 때를 정말 좋아해요. 살다 보면 재난과도 같은, 견디기 힘든 일을 만나기도 하잖아요? 저는 재난 영화가 그걸 시뮬레이션해 주는 것이라고 생각해요. 그중 가장 탁월한 게 좀비물이기 때문에, 특히 더 좋아하는 거고요.

어떤 점에서 좀비물이 가장 탁월하다고 생각하시죠?

라이너 일단, 좀비는 감염되는 거잖아요. 좀비에게 물리면, 나도 그들처럼 돼요. 그렇기 때문에 바깥은 너무 위험하죠. 감염될 위험이 도사리고 있으니까. 그런데, 현대 사회도 좀비 영화 속 상황과 다를 게 없어요. 집 안에 있을 땐 안전할지 몰라도, 밖에 나와 사회생활을 하면 그게 바로 생존 경쟁이니까요. 또, 좀비들은 사람을 잡아먹으려고 덮치죠. 좀비로 돌변하면 동료, 가족 이런 건 무의미해져요. 저는 이런 것조차 현대 사회의 일면을 비유하는 것 같다고 느껴요. 실제로 나에게 웃으며 다가왔던 사람들이 어느 순간 나에게 칼을 꽂고, 뒤통수를 때리는 경우가 있었으니까요. 좀비 영화의 클리셰 중 하나가 '주인공은 갇혀 있고, 좀비들은 그를 잡아먹으려고 손을 허우적대는 장면'인데, 그건 현실의 모습 그 자체를 보여 주는 게 아닐까요? 저는 좀비물이 우리의 현실을 아주 극단적 형태로 은유한다는 데서 말할 수 없는 매력을 느껴요.

한국에선 좀비물이 상당히 마이너한 장르였는데, 2022년 쯤을 기점으로 국내에서도 좀비를 다루는 작품이 많이 나오면서 이제는 완전히 메이저한 장르로 자리 잡은 것 같아요. 이런 흐름을 보도하던 매체들은 'K-좀비 신드롬'이라는 단어를 쓰기도 했는데요. K-좀비 신드롬이 가능했던 이유가 뭐라고 생각하세요? 한국 좀비에겐 이제까지의 좀비, 외국의 좀비와는 다른 특별한 매력이 있나요?

라이너   일단, K-좀비는 딱 정해져 있는 스펙이 있습니다. 일반인보다 힘이 좀 더 세지고요, 기본적으로 뛰어다니죠. 그리고, 감염 속도가 굉장히 빨라요. 한 번 물리면 거의 1분도 안 걸려서 감염되는 수준이다 보니 순식간에 엄청난 좀비 떼가 생겨나요. 양산형 좀비이기도 한 거죠.

K-좀비 신드롬이라는 건 <*부산행*2016>부터 시작되었다고 봐야 할

것 같아요. 각기춤을 추며 일어나는 강력한 좀비들과 우르르 쏟아져 나오는 좀비 떼*로 패닉을 주는 데 완전히 성공했으니까요. K-좀비의 가능성을 보여 준 작품이에요. 그런데, 그게 너무 반복되다 보니 관객들이 좀 지쳐 가는 것 같아요. 이제는 새로운 모습의 한국 좀비가 나와 줘야 하지 않나 싶습니다. 요즘 신선한 모습을 위해 절치부심하고 있는 한국 좀비물이 꽤 보이는데, 대중에게 신선함을 주려면 〈부산행〉을 극복해야 할 거예요.

전찬일 라이너가 외적인 측면에서 K-좀비의 특수성을 잘 설명해 줬는데, 내적인 측면으로도 설명할 수 있다고 생각합니다. 저는 K-좀비가 집단 내의 계급성 내지는 사회체제 비판성 같은 걸 잘 드러낸다는 점에서 서구의 좀비와 차이가 있다고 봅니다. 서구의 좀비는 대체로 마냥 괴물 같은 캐릭터로 맹목적으로 날뛰지만, K-좀비는 어떤 함의를 띠잖아요. 〈부산행〉도 그랬기 때문에 신드롬을 일으킨 주역이 된 것이라고 보는데, 이후 한국 좀비 영화들이 이러한 내적인 함의를 기반으로 하지 않고 외향적으로 드러나는 스펙만 가져다 쓰는 게 반복되니까 사람들이 지치는 것 같아요.

라이너 서구 좀비물 중에도 내적 함의를 잘 드러내는 작품은 있습니다. 우리가 흔히 좀비 영화 이야기를 하면 빼놓지 않고 이야기하게 되는 감독이 조지 A. 로메로 감독인데, 이 감독이 만든 〈*살아있는 시체들의 밤*1968〉이라는 작품에서는 좀비를 현실 비판의 도구로

---

* 영화 속 좀비의 움직임을 만든 사람은 안무가인 전영이다. 〈부산행〉의 후속작인 〈반도〉(2020)와 넷플릭스 드라마인 〈킹덤〉 시리즈에도 참여했다.

사용해요. 그리고 <28일 후>의 후속작인 <28주 후2007>는 국가가 어떤 식으로 좀비 바이러스에 걸린 사람들을 통제하고 탄압하는지를 그려냄으로써 어떠한 내적 함의를 굉장히 잘 드러냅니다. 하지만 선생님이 어떤 의미에서 K-좀비의 특수성을 내적인 함의에 두셨는지는 이해가 가요. K-좀비 신드롬을 일으켰다고 볼 수 있는 또 다른 작품이 넷플릭스 오리지널 드라마 <킹덤>이니까요.

사실 '조선시대 좀비물'은 <킹덤> 이전에도 있었어요. 현빈과 장동건이라는 톱스타를 내세우고도 아주 보기 좋게 망한 <창궐2018>이라는 영화가 있었잖아요? 겉모습만 번지르르할 뿐 의미도 재미도 없는 작품이죠. 반면 <킹덤>은 좀비의 내적 함의를 아주 잘 드러낸 작품이에요. 그렇기 때문에 K-좀비 신드롬을 일으키는 데 큰 몫을 했던 거고요. <킹덤>에서 가장 중요한 건 좀비 사태가 궁궐에서 시작되었다는 것이거든요.

첫 좀비가 권력자, 심지어 왕권을 가지고 있는 권력자예요. 권력자들의 탐욕으로 좀비라는 것이 생겨났는데, 이 일로 가장 먼저 피해를 보는 곳이 어디냐면 궁궐에서 가장 먼 곳, 가장 눈이 닿지 않는 곳, 가장 가난한 사람들이 있는 곳이에요. 위정자들이 만든 문제에 의해 가장 큰 피해를 보는 게 가장 낮은 곳에 있는 백성이라는 이런 설정, 어떤 내적인 함의를 굉장히 잘 보여 주는 작품이고 그렇기 때문에 특별한 것이죠. 그런데, 선생님이 짚어주셨듯 이후 나오는 콘텐츠들이 이런 부분을 간과하고 한국 좀비의 외형적 특성만을 가지고 재미 위주로 만들려고 하다 보니까 사람들이 흥미를 잃게 되는 것 같아요.

외형적인 부분에만 초점을 맞추다 보면 좀비가 가지고 있는 깊은 공포가 잘 드러나지 않게 됩니다. 그 깊은 공포라는 건 좀비가 사회적인 부분, 더 나아가 시스템적인 부분을 은유해서 내적 함의를 가질 때 생겨나는 거거든요. 꾸준히 많은 한국형 좀비물이 쏟아져 나오곤 있지만, 그런 함의를 드러내려는 시도 자체는 점차 줄어들고 있는 것 같아 개인적으로 안타깝게 생각하고 있어요.

두 분 모두 내적 함의를 중요시하시는군요! 그런데, 이쯤에서 SF에 대한 이야기를 좀 해주셨으면 합니다. 사실 포스트 아포칼립스도 SF의 일부라고 할 수 있잖아요.

라이너   SF는 제가 개인적으로 기대를 많이 하는 장르예요. 저는 SF물만이 가지고 있는 어떤 허무를 참 좋아합니다. SF 장르는 <이티 *(E.T.)1982*> 같은 작품을 제외하면, 대체로 차갑고 외로워요. SF물이 주로 다루는 우주 공간 또는 미래 사회가 대개 뒤틀려 있기 때문인데, 저는 그게 인간의 모습이나 과학의 결론 같은 걸 잘 반영한 것이라고 생각해요. SF는 영화적으로만이 아니라 문학적으로도 굉장히 깊은 가치를 가지고 있어요. 저는 '인문학의 시대는 끝났고, 이제 사람에 대해 가장 잘 설명할 수 있는 건 과학인 것 같다.'라고 생각해요.

지금은 생물학자, 과학자들이 인문학 서적을 내잖아요. 제가 『이기적 유전자』를 처음 읽었을 때, 얼마나 충격을 받았는지 몰라요. 지인 추천으로 별생각 없이 읽기 시작했는데, 다음 날 아침이 되는지도 모르고 단숨에 다 읽었다니까요. 멈출 수가 없었어요. 이전까지는 인간에 관해 설명하는 것이 인문학자들의 몫이었지만, 이제는 그걸 과학자들이 과학적 방법론으로 하는 시대예요. 그리고 문학도 그 영향을 받고 있죠.

혹시, 우리나라 SF 작가들의 수준이 얼마나 높은지 아세요? '환상문학웹진 거울'이라는 웹진 플랫폼이 있는데, 그곳의 필진 중에 대단한 사람들이 정말 많습니다. 배명훈이라든지, 김보영 같은 작가들이요. 저는 거기서 활동하는 작가들이 우리 문학계를 지배하게 될 거라고 생각합니다. 그 정도로 정말 탁월한 글을 썼어. 사실, 한국 문학계에서 공포 소설이나 추리 소설의 수준은 아직 조금 아쉽잖아요. 그런데 SF 분야만큼은 급이 달라요. 깊이 있는 이야기가 있죠. 천선란 같은 작가가 혜성처럼 등장할 수 있었던 이유도 그 작가에게 SF적 기반이 있었기 때문이라고 봐요. 저는 SF 소설을 정말 사랑하고 거기서 인간의 깊이와 미래를 보는데요. 우리나라 SF 소설은 인간 존재에 대한 깊이 있는 철학, 고민의 깊이 같은 걸 정말 잘 담고 있어요. 과학적 지식을 기반으로 한 철학적 질문이 있단 말이죠. 그런데, 우리나라에서 만든 SF 영화 수준을 보세요. 소설에 비하면 갓난아기 수준이에요.저는 그 이유가 '영화감독들이 배우려 하지 않기 때문'이라고 생각해요.

만약 SF 영화감독들이 배명훈이나 김보영 같은 작가들에게 조언을 구했다면, <서복2020> 같은 영화는 나오지 않았을 겁니다. <서복>에서 던지는 질문, 복제 인간에 대한 질문의 수준이 얼마나 유치찬란합니까? 이미 한국 문학계에는 영화로 만들어도 정말 괜찮을 작품이 널려 있어요. 완전히 보물 창고 수준이란 말이죠. 그 작품들만 가져다 잘 만들어도 한국 SF 영화의 수준이 지금 같지는 않을 텐데, 정말 안타까워요. 저는 한국 영화계가 문학계와 협업만 한다면, 비약적인 발전을 이룰 수 있을 거라고 믿어요.

전찬일   '환상문학웹진 거울'은 꼭 한번 찾아봐야겠네요. 저도 배명훈 작가를 알긴 했지만, 그렇게 대단한 작가인 줄은 몰랐어요. 오늘 많은 걸 배웁니다. 한국 SF 문학의 역사와 수준에 대해서도요. 저는 라이너가 한 말 중 이 말이 정말 인상 깊었어요. "한국 영화계 사람들이 김보영, 김초엽, 장강명 같은 대단한 SF 문학 작가들에게 좀 배워야 한다. 그들이 배우려 하지 않는다는 게 문제다." 저도 적극 동의하는 바입니다. 우리 영화계엔 잘 모르면서 아는 척하는 영화인이 참 많아요. 제작사들이나 감독들은 자기네가 칼자루를 쥐고 있다고 생각하는 것 같아. 문학 작가 중 상당수가 자기 작품이 영화화되길 바라니까요. 자기네가 갑이라고 생각하는 그런 태도 때문에 문학계와 영화계의 대등한 협력이 이루어지지 않고 있는 거 아닐까요? 라이너 말대로 그 두 업계가 대등하게 협력하기만 한다면, 정말로 한국 SF 영화의 수준도 훨씬 나아질 거예요.

하지만, 인문학은 죽었고 과학이 인간을 가장 잘 설명한다는 말에는 좀 의구심이 들어요. 그 과학이 자연과학을 이야기하는 건가요? 자연과학만으로는 설명이 되지 않는 게 많을 텐데요. 저는 오히려 과학이 과학만으론 모든 걸 설명할 수 없기 때문에 인문학적 성찰과 사유의 방법론을 차용한 것이라고 생각해요.

라이너   그렇게 생각하실 수도 있죠. 좋아하는 장르 이야기를 하다 보니 제가 신나서 말을 너무 길게 했던 것 같은데, 빠르게 공포 영화 이야기까지만 마저 하겠습니다. 공포는 사실 인간의 가장 내면적이고 근원적인 감정이에요. 인간의 생존과 관련이 있는 감정이니까요.

공포에도 종류가 있어요. 위험에 처했을 때의 공포도 있겠지만, 미지에 대한 공포도 있죠. 저는 그중 '미지에 대한 공포'야말로 인간이 가지고 있는 심리 중 가장 내밀한 감정이라고 생각합니다. 그리고 '미지에 대한 공포를 어떤 식으로 끌어내는지'가 공포 영화에서 가장 관건이 되는 부분이라고 생각해요.

방법론적으로, 대부분의 공포 영화에는 공포 영화의 클리셰가 빠지지 않아요. 다른 장르와 비교해 봤을 때, 문법과 클리셰에 훨씬 많이 기대는 장르죠. 그래서 공포 영화 마니아들은 '이 영화가 얼마나 공포 영화의 장르적 문법을 잘 준수했는지'를 평가 기준으로 삼기도 해요. 그만큼 신선하긴 어렵다는 취약점도 가지고 있죠. 저는 그 약점을 SF와의 결합으로 타파할 수 있다고 생각해요.

러브크래프트*의 소설이 이미 코스믹한 새로운 방식으로 미지에 관한 공포를 구현할 수 있다는 걸 증명했잖아요. 우리나라엔 아직 그런 공포물이 나오지 않고 있지만, 미국에선 꾸준히 그 후계자들의 영화가 만들어지고 있어요. 넷플릭스 오리지널 영화인 *<서던 리치: 소멸의 땅*2018*>*이 대표적인 예죠.

공포물의 취약점에 대한 해결책도 SF에서 찾으시다니 정말 SF에 대한 사랑이 느껴집니다. 그럼, 귀신 같은 게 나오는 일반적인 공포 영화는 별로 안 좋아하시나요?

라이너 귀신이나 귀신 들린 물건이 나오는 공포 영화도 좋아하긴 해요. 인간의 공포를 자극해서 공포에 빠진 인간이 어떻게 행동하는

---

* 미국의 SF, 공포, 판타지 소설 작가. '공포 문학의 아버지', '크툴루 신화의 아버지'로 불린다.

가를 보여 준다는 점에서 흥미를 느끼거든요. 하지만 러브크래 프트적 공포 영화를 더 좋아하죠. 그리고, 그런 영화가 더 의미 있다고 생각합니다.

이제 전찬일 선생님 차례인 것 같은데요. 선생님은 어떠신가요? 선생 님도 좋아하는 장르나 싫어하는 장르가 따로 있으세요?

전찬일   라이너의 장르 이야기를 들으며 많이 배웠고, 장르를 즐기는 방 식에서 세대 차이를 아주 절실히 느꼈어요. 저는 사실 영화를 장르로 즐기지 않는 사람이거든요. 라이너가 좋아한다고 한 좀 비물, 재난물, SF물, 공포물 중에 즐겨보는 장르랄 게 거의 없어 요. SF물 정도만 조금 관심 있게 보는 정도죠. 늘 강조하는 거 지만, 저는 장르 자체를 딱히 크게 고려하지 않아요. 그냥 제가 중요하게 생각하는 부분들이 잘 되어 있거나, 어느 층위에서든 저를 확 사로잡는 지점이 있는 영화를 좋아하죠. 장르마다 가지 고 있는 어떤 패턴을 중심으로 영화를 즐기지 않고, '개인이 어 떻게 살아 숨 쉬고, 사회와 어떤 관계를 맺고, 이야기와 시대성 이 어떻게 결합되느냐.'를 중심으로 영화를 본다는 말이에요. 그 래서 제가 봉준호 감독 영화를 높이 평가하는 거고요. 봉준호 감독 영화에선 개개인이 사회의 어떤 전형으로서 살아 숨 쉬거 든요.
영화를 즐기는 방식이 이렇다 보니, 저는 어떤 장르를 특히 좋아 한다고 말하기가 어렵네요. 음…. 굳이 따지자면 사회성이 있는 멜로 드라마랄까? 가족물까지 포함해서요.
말하다 보니 새삼 제가 굉장히 영화인 같지 않다는 생각이 듭니다. 영화를 즐기는 사람이라 하면 기본적으로 장르를 즐겨야 하는 것 같은데, 저는 장르적 쾌감을 그다지 즐기지 않으니까. 대신 이런 건 있습니다. 장르적 쾌감을 즐기지 않다 보니 맹목적으로 장르적 패턴에 기대지도 않고, 장르적 쾌감에만 초점을 맞춘 영화도 즐겨 보지 않아요.

라이너 선생님의 선호가 이렇게 드러나네요. 정말로 전찬일 선생님은 봉준호와 박찬욱 가운데 봉준호를 더 좋아할 수밖에 없으시겠어요. 사회 안의 개인을 중시하시니까요. 박찬욱 감독 영화에서는 개인이 그냥 개인에 불과하잖아요. 사회적 함의를 읽기가 조금 어려운 개인이요. 박찬욱 감독은 그런 개인에 집착하고, 내밀한 감정을 그려내는 데 뛰어난 면모를 보이죠. 반면 봉준호 감독은 사회 안에서 사회와 작용하는 개인에 초점을 맞추고 훨씬 선명하게 그려내니까요.
제가 여기서 대신 선언해 드리겠습니다. "전찬일 평론가님은 봉준호 팬이시다."라고요.

전찬일 (웃음) 그게 내 가치관이고 지향이긴 하지. 라이너 말이 맞아요. 그런데, 박찬욱 감독의 *<헤어질 결심>*은 예외적이라고 말하고 싶습니다. 그 영화에서 보여 준 사랑은 단순히 감정에 그치지 않고 존재 이유에 관한 논의까지 이어졌잖아요. 그런 점에서 그 영화는 제가 이제까지 봐 온 박찬욱 감독의 영화와는 달랐어요. 굉장히 새로웠죠. 그래서 이 영화는 *<기생충>*보다도 좋았다고 말할 수 있습니다.

라이너 와, 정말요? 선생님께서 <*기생충*>보다 좋았다고 말씀하시는 건 정말 드문 일인데요.

전찬일 네, 정말로 좋았어요. 저는 개인적으로 박찬욱 감독의 영화에 사회성이 결여돼 있다는 점이 늘 불만이었어요. 하지만 <*헤어질 결심*>에서는 그런 부분이 전혀 문제가 되지 않았죠. 오히려 제가 박찬욱 감독에 대해 다시 생각해 보게 되었죠. '어쩌면 이 감독이 추구하는 개개인에 또 다른 사회성이 담겨 있을 수 있겠다.' 하고. 어쨌든, 장르 이야기를 자세히 나누다 보니 라이너와 저의 차이가 새삼 확실하게 드러나네요. 신파에 관한 입장 말고도 이렇게 다른 점이 또 있네.

말하다 보니 생각난 건데, 제가 특별히 즐기는 장르는 없어도 좀 까다롭게 보는 장르는 있는 것 같아요. 코미디를 볼 때 유독 그런 것 같아. 저는 맹목적으로 웃기려고 애쓰는 영화는 칠색 팔색하는 사람이거든요. <*반칙왕*2000> 같은 코믹 드라마나 늘 고전이라 불리는 **버스터 키튼***, **찰리 채플린**** 부류의 영화는 즐기지만, <*주유소 습격사건*1999>이나 <*달마야 놀자*2001> 같은 영화는 무지 싫어해요. 그런 코미디 영화들은 맹목적으로 요절복통 웃기려고 노력하잖아요. 저는 그런 게 정말 싫어요.

라이너 확실히 선생님과 저는 많이 다르죠. 저는 장르를 파고드는 스타일입니다. 어떤 장르가 있으면 그 장르를 섭렵해야 하고, 장르의

* 1920년대 무성 영화 시대를 빛냈던 미국 배우이자 감독. 찰리 채플린과 비견되는 당대의 스타였으며, <제너럴>(1927) 등 무성영화의 걸작으로 평가받는 여러 작품을 연출하기도 했다. '큰 바위 얼굴(The Great Stone Face)'이라는 별명으로 널리 알려져 있다.

** 영국 출신의 배우이자 감독 겸 제작자. 1910년대 할리우드에 데뷔한 이후, 무성영화와 유성영화를 넘나들며 <황금광 시대>(1925), <모던 타임즈>(1936) 등 위대한 작품들을 만들었다.

문법을 파악해 가며 영화를 보니까요. 근데, 버스터 키튼이라 하면, '큰 바위 얼굴'로 불리셨던 분 말씀하시는 거죠? 선생님은 태어나시기도 전 영화를 즐기시네요.

코미디 영화 이야기가 나왔으니 말인데, 여쭙고 싶은 게 있어요. 저는 주성치가 현대 코미디 영화에서 중요한 사람 중 한 사람이라고 생각하고, 그 사람 자체로 하나의 장르가 된다고 보는데요, 선생님은 주성치 영화를 어떻게 보셨는지 궁금합니다.

전찬일 주성치 영화는 별로 안 봤어요. 재미에만 그치는 영화는 그다지 찾아보지 않거든요. 물론 지금 말한 재미는 감각적 재미를 얘기하는 겁니다. 정서적, 지적 재미까지 주지 못하고 감각적 재미에만 그치는 영화들은 제가 애써 찾아보질 않아요. <반칙왕>이나 <완득이2011> 같은 영화는 볼 때도 재미있었고, 그 영화를 다 보고 나서도 기회가 있을 때마다 그 영화들을 호출해서 말하게 되거든요? 감각적 재미 그 이상으로 남는 게 있기 때문이죠. 그런데 주성치 영화는 딱히 그렇게 되지 않는 것 같아요. 몇몇 영화는 재미있게 봤지만, 굳이 다시 호출해서 언급하게 되진 않더라고요. 그래서 그 영화에도 감각적 재미 그 이상은 없지 않았나 생각합니다.

라이너 선생님이 주성치의 멋짐을 모르시다니, 의외예요. 선생님은 홍콩 영화에 남다른 사랑을 갖고 계시지 않나요?

전찬일 그렇지. 관금붕 감독 영화를 정말 미치도록 좋아했으니까. 그런데 성룡이나 주성치 영화는 그냥 '흥미롭네, 재밌네' 하고 말았어요. 크게 감명받고, 가슴에 묻어 뒀다가 꺼내 본 적은 없다는 거죠.

라이너 저는 선생님이 워낙 홍콩 영화를 사랑하시고, 그에 대한 추억
과 향수도 충분히 있으시니까 주성치 영화에는 조금 다른 평가
를 하실 줄 알았어요. 저는 주성치를 굉장히 천재적인 사람이라
고 평가해요. 언뜻 보면 어설픈 코미디 같고 가벼운 이야기를 다
루는 것같이 보이지만, 그에게 매료된 사람이 얼마나 많습니까?
실제로 몇몇 유명 감독들은 그의 추종자임을 자처하기도 해요.
그만의 특별함이 있기 때문이죠. 저는 그 특별함이 '루저리즘
Loserism'에 있다고 생각해요. 주성치 영화에 나오는 사람들은 다
패배자거든요.

그의 영화 안엔 그런 패배자들을 안아 주는 따뜻한 시선이 있
어요. 그런 시선을 가지고 전 세계적으로 아무도 만들 수 없는
자신만의 영화를 만드는 사람이기 때문에, 그 자체만으로도 하
나의 장르로 여겨지는 거고요. 장르 이야기에 빠져선 안 되는
인물이라 생각해서, 한 번 언급해 보았습니다.

전찬일 얘기를 쭉 들어 보니, 제가 주성치 영화 안에 있는 어떤 코드를
좀 못 읽었을 수도 있겠단 생각이 들어요. 저는 그의 영화가 너
무 개그로만 이루어져 있다고 느껴져서 그다지 즐기지 않았던
건데, 다시 한 번 챙겨 봐야겠어요. 그런데, 주성치 감독은 요즘
무얼 하려나? 2010년 이후로는 거의 과거의 인물처럼 잊혀 가고
있는 것 같아요.

제가 그의 영화를 즐기진 않았지만, 아쉽고 궁금해집니다. 라이
너가 알려 준 그의 귀한 면모를 보여 주는 영화를 다시 내주면
좋겠어요.

라이너 　주성치 감독의 영화가 나오지 않고 있는 것도 슬프지만, 저는 요즘 양조위나 양자경 같은 홍콩 배우가 할리우드에 가서 활약하는 모습을 보면서도 조금 슬픈 기분이 들어요. 홍콩의 봄이 오지 않게 되면서, 홍콩 영화는 거의 사멸되어 과거의 유산처럼 남아 버렸잖아요. 홍콩 영화의 왕이라 불렸던 양조위가 고작 할리우드 슈퍼 히어로 영화에 나온다는 게, 어찌 보면 정말 가슴 아픈 일이에요.

아시아를 대표할 수 있는 홍콩 배우들이 할리우드의 문을 두드릴 수밖에 없게 된 이유가 무엇인지 생각을 해 보면, 홍콩의 영화인들이 모두 떠났기 때문이고, 중국 체제에선 좋은 영화가 나올 수 없기 때문이니까요. 주성치의 <소림축구2001>는 정의롭지 않은 자들이 득세하고 있는 세상에서 정말 별 볼 일 없는 사람들이 말도 안 되는 방식으로 불합리를 격파하는, 그런 모습을 그리는 작품이거든요? 그런데 이제 그런 영화들은 중국에서 나올 수가 없죠. 자유롭지 못한 체제니까요. 홍콩의 뛰어난 재능이 과거에 묻혀 버린 이 상황이, 영화인으로서 정말 가슴 아픕니다.

이번에는 어째 모든 이야기가 다 사회에 대한 것으로 수렴되는 것 같습니다. 그런데, 잠깐 다른 이야기도 하고 싶어요. 제 개인적인 궁금증이기도 한데요. 예전에 모 매체와의 인터뷰에서, 라이너 선생님이 멜로 장르는 잘 안 본다고 말씀하시는 걸 본 것 같아요. 정말 그러신가요?

라이너 　아녜요. 멜로도 좋아합니다. 인터뷰 때는 아마 한국 영화에 한정해서 얘기하느라 그렇게 말했던 것 같아요. 한국 멜로 영화의 수준이 너무 낮아져서, 즐겨 보지 않는다는 그런 의미로요. 실제로, 예전에 허진호 감독이 만들었던 작품들만큼 좋은 작품이 안 나오고 있잖아요. 기껏해야 나온 게 <*건축학개론*2012>, <*유열의 음악 앨범*2019>, <*너의 결혼식*2017> 이런 영화들인데, '이 정도밖에 못 만드나?' 싶은 수준이고요. 분명 우리나라가 멜로에 강했던 때가 있었는데, 요즘은 멜로 영화 자체를 잘 안 만들어요.

전찬일 맞아요. 우리나라가 전통적으로 멜로를 참 잘 만들었는데, 21세기 접어들면서 수준도 낮아지고 양 자체도 확연히 줄었지.

그렇게 된 이유가 뭘까요?

전찬일 여러 이유가 있겠지만, 가장 큰 이유는 영화 산업상 '멜로는 투자받기 어렵다.'라는 인식 때문일 거예요. 투자자들은 좀 더 자극적인 설정, 볼거리, 사건을 원하니까요. 자극을 통한 쾌감이 있어야 돈이 벌리다 보니 멜로가 환영받긴 좀 어렵죠. 기본적으로 멜로는 정서적인 자극을 통해 감동을 끌어내는 장르잖아요?

라이너 이게 비단 우리나라만의 문제는 아닌 것 같아요. 할리우드에서도 멜로가 많이 없어졌거든요. 정말 아쉽습니다. 제가 한국 멜로 영화 중에 수작이라 평가하는 작품이 <*8월의 크리스마스*1998>인데, 2000년대 이후로 그 작품을 뛰어넘은 멜로를 본 적이 없는 것 같습니다.

전찬일 그런데, 지금 <*8월의 크리스마스*>를 만든다고 하면 개봉은커녕 제작도 안 될 거예요. 누가 투자를 하겠어요.

라이너 그러니까요. 제 생각에 요즘 시대에는 사랑이라는 게 없어졌기 때문에 멜로 영화가 안 팔리는 것 같아요. 드물게 나오는 요즘 멜로 영화를 보면, 다 레트로잖아요? 현대가 사랑을 말하기에 어울리지 않으니까 자꾸 과거로 가는 것 같아요. 순수하게 사랑했던 그 시절로 돌아가야 이야기가 말이 된다고들 생각하는 거죠. 그래서 이런 시대를 배경으로 사랑을 이야기하는 *<헤어질 결심>*이 정말 놀랍고 소중합니다.

전찬일 맞아요. 정말 놀라운 작품입니다. 박찬욱 감독이 *<헤어질 결심>*을 '고전적인 영화'라고 설명했는데, 바로 이러한 지점에서 그 영화가 고전적인 것이죠. 다들 사랑을 떠나고 있는 요즘 같은 시대에, 사랑 때문에 목숨을 버리는 여자와 사랑 때문에 번민하는 형사를 영화에 담다니. 정말 위대한 작업을 해냈어요.

히어로물과 동화

창작과
계몽 사이의
어떤 선택

슈퍼 히어로 영화 이야기도 해 보고 싶습니다. 슈퍼 히어로 영화도 사람들은 하나의 장르로 생각하잖아요. 어떤 패턴이 있기 때문에 그렇게 여겨지는 것일 텐데, 그 패턴을 어떻게 정리해 볼 수 있을까요?

라이너 패턴이라기엔 좀 어려울 수도 있겠지만, 굳이 따져 보면 영웅 설화적 패턴을 가지고 있다고 할 수 있죠. 비밀이 얽힌 비범한 탄생, 힘을 얻고 난 뒤의 시련, 조력자의 도움, 이를 통한 각성, 위대한 승리 같은 패턴이요. 아무래도 히어로물이니만큼 대체로 전형적인 영웅 서사 구조를 따르는 것 같아요.

전찬일 그렇기 때문에 여전히 영웅을 필요로 하는 사람들이 히어로물을 즐기죠. 그런데 그렇게 전형적 영웅 서사에 열광하는 사람이 있는 반면에 그 전형적 영웅 서사를 지겹다고 생각하는 사람도 꽤나 많아요. 제가 그 후자 쪽이죠. 슈퍼 히어로물은 워낙 스케일 자체가 크다 보니 일반 주류 영화에서 보여 주는 영웅 서사보다 볼거리가 많아서 재미있는 면도 있는데, 전 이것도 감각적 재미에 그치는 것 같다고 느껴요. 저는 개인적으로 비슷비슷하게 반복되는 서사에 재미를 잘 못 느끼기 때문에 어느 정도 전형성을 갖는 히어로물을 재미있게 보기가 어렵죠. 하지만 예외적으로 아주 좋게 본 히어로물도 있어요. **크리스토퍼 놀란의 배트맨 시리즈***는 좋았어요.

아, 그렇다고 해서 슈퍼 히어로물이 형편없다고 생각하는 건 아닙니다. 그냥, 제가 즐기지 않는다는 거예요. 제가 안 즐긴다고 해서 형편없다고 할 수는 없죠. 어쩌면 수용자로서 제 한계일 수도 있는 거니까.

라이너 선생님께서 말씀해 주시는 동안 곰곰이 생각을 좀 해 봤는데, 제가 앞서 한 이야기를 좀 정정해야 할 것 같아요. 슈퍼 히어로물은 전형적인 영웅 서사랑은 좀 다른 서사를 취한다고 말이죠. 아무래도 그냥 영웅이 아니라 초능력자들 이야기니까요. 전형적인 영웅 서사를 따르는 건 **헝거 게임 시리즈**** 같은 경우고, 슈퍼 히어로물은 전형성을 벗어나려고 하면서 자기만의 패턴을 만들어 고착화시켰다고 봐야 할 것 같습니다.

어떤 의미에서 이야기를 정정하게 되신 건지, 설명이 좀 필요할 거 같습니다. 슈퍼 히어로물의 주인공들은 서사시나 신화 속 영웅과 어떻게 다른가요?

---

* 세계적으로 인정받는 영국의 영화감독 겸 각본가인 크리스토퍼 놀란이 만든 <배트맨 비긴즈>(2005), <다크나이트>(2008), <다크나이트 라이즈>(2012) 3부작을 가리킨다.
** 미국의 수잔 콜린스 작가가 쓴 동명의 소설을 원작으로 한 실사 영화판 시리즈를 의미한다.

라이너 1934년에 '슈퍼맨'이 나오고, 그다음에 '배트맨'이 나왔는데요, 그즈음에 마블이나 DC 작품들이 만들어지기 시작했습니다. 이 흐름을 조금 자세히 풀어야 이해가 쉬우실 것 같은데, 슈퍼맨 이야기부터 차근차근히 해 볼게요. 일단 슈퍼맨은 영웅이 아니라 '외계인'이에요. 크립톤 행성에서 온 외계인이요. 이렇듯 슈퍼맨으로 대표되는 초기 히어로물은 강한 힘을 가지고 있는 존재에 대한 동경, 그런 이가 힘없는 사람들을 구해 줄 거라는 막연한 기대감 같은 게 담긴 낮은 수준의 이야기였습니다. 그렇기 때문에 히어로에게 지나치게 도덕적인 완결성을 부여했죠.

도덕적인 완결성이요?

라이너 슈퍼맨 시리즈 하면 대개 1, 2편 정도는 많이들 아는데 3, 4편은 나왔다는 것조차 잘 몰라요. 엉망이거든요. 특히 3편은 정말 슈퍼맨 영화가 어디까지 망가질 수 있는지를 보여 주는 굉장한 작품입니다.

얼마나 엉망인지 간략하게 내용을 들려드리자면, 3편에선 슈퍼맨이 악에 물들어요. 영혼이 분리돼서 악한 슈퍼맨이 생겨나 나쁜 짓을 계속하는데, 그 나쁜 짓이라는 게 정말 황당합니다. 올림픽 성화를 입김으로 훅 꺼버리기, 술 마시기, 편식하기, 가게에서 거스름돈을 공손히 받지 않기 따위가 악한 슈퍼맨이 하는 나쁜 짓이에요. 그리고 그걸 착한 슈퍼맨이 응징하죠. 초기 슈퍼 히어로물의 수준은 딱 그 정도였어요. 그런데 그 흐름이 팀 버튼의 *<배트맨1989>*으로 바뀌게 되죠.

배트맨은 '절대적 선의 존재에 대한 반발'로 나온 캐릭터예요. 심지어 트라우마를 가지고 있죠. 강도에게 부모를 잃은 주인공이 공권력이 상실된 범죄 도시에서 밤의 자경단으로 활동하는 이야기다 보니, 슈퍼맨에 비해 서사가 굉장히 어두워요. 게다가 거기에 나오는 나쁜 짓은 현실에 기반한 범죄들이에요. 현대 사회에서 대중이 느끼는 테러에 대한 공포 같은 게 영화에 담기며 훨씬 진지해졌죠.

팀 버튼의 <배트맨>은 '진지한' 히어로 영화가 가능하다는 걸 보여 줬죠. 이전까지 히어로물은 진지하게 봐 주지 않던 평론가들조차 <배트맨>은 그럴듯한 영화로 봤어요. 이후 슈퍼 히어로물이 우후죽순 나오기 시작했는데, 크게 두 갈래로 나눠서 설명을 해 볼 수 있을 것 같습니다. **엑스맨 시리즈***와 **스파이더맨 시리즈****로요.

엑스맨 시리즈는 울버린이라는 캐릭터를 중심으로, 초능력을 갖고 태어난 '뮤턴트Mutant, 돌연변이'들의 이야기를 펼쳐 나갔어요. 엑스맨들은 사회에서 선망받는 영웅이라기보다는 다수에게 차별받는 소수의 돌연변이였는데, 이러한 설정은 실제로 존재하는 사회적 차별에 관한 은유였죠. 슈퍼맨 시절에 비하면, 전달하고자 하는 이야기가 있다는 점에서 훨씬 수준이 높아진 겁니다. 게다가 엑스맨 시리즈는 초능력자 집단 안에서의 내부 갈등이 가능하다는 것도 보여 줬어요. 저는 이게 어벤져스로 이어지는 토대라고 생각합니다.

절대적 선 영웅의 등장에서부터, 그에 대한 반발로 나온 영웅, 그리고 차별받는 소수의 돌연변이 영웅 등장까지. 히어로물의 변화 역시 마치

---

* 마블 코믹스의 인기 시리즈 중 하나. 여기선 코믹스 중 실사 영화로 만들어진 사례를 총칭하는 말로 사용했다.
** 스파이더맨 시리즈는 코믹스부터 TV드라마, 영화까지 다양하지만 여기선 실사 영화 시리즈를 총칭하는 말로 사용했다.

영웅 서사처럼 흥미롭네요. 물론 이 뒤에도 계속 이어지겠죠. 이어서 말씀 부탁드립니다.

라이너   스파이더맨의 등장도 슈퍼 히어로물 역사상 큰 의미가 있어요. 스파이더맨은 최초의 '돈 없는 빈민 계급, 노동자 계급'의 슈퍼 히어로거든요. 말도 안 되게 가난한, 힘이 생겼는데도 그 힘으로는 금전적 이득을 얻지 못하는 그런 인물과 설정이 제시되자 사람들은 엄청난 신선함을 느꼈어요. 스파이더맨은 영화화되기 이전, 코믹스(출판 만화) 때부터 인기가 많은 캐릭터였는데, 영화화되면서 그 인기가 제대로 증명됐죠.

엑스맨 시리즈와 스파이더맨 시리즈, 이 두 시리즈가 양대 산맥으로 자리 잡고, 문화적 저변이 코믹스에 있는 80년대 키드들이 어른이 돼서 영화를 받아들일 수 있게 된 흐름의 끝에 등장한 게 <아이언맨2008>이에요. 아이언맨의 등장은 슈퍼 히어로물 역사에서 결정적인 사건이에요.

<아이언맨>은 원래 망할 영화였어요. 마블 작품이라 투자금은 많았지만, 대본이 대학생 졸업 작품 수준이었거든요. 존 파브로 감독과 주인공인 로버트 다우니 주니어가 '어차피 망할 게 뻔해 보이니까, 토니라는 주인공 캐릭터라도 잘 만들어 보자!' 하고 대본을 뜯어고쳐 가면서 만들었는데, 그게 놀랍게도 너무 재미있게 만들어진 거예요. 그리고 마블 전성기가 이루어졌죠.

지금의 인기 캐릭터라고는 생각할 수 없는 놀라운 출발이었네요. 마블 시네마틱 유니버스에서, 아이언맨을 빼놓고는 이야기하기도 힘든 게 요즘 현실인데 말이죠.

라이너 *<아이언맨>*의 제작 비화를 들으면 짐작할 수 있겠지만, 초기 마블 영화 중에는 수준 낮은 작품도 정말 많았어요. 특히 *<인크레더블 헐크2008>*나 *<토르: 천둥의 신2011>*은 맨정신으로 보기 힘들 정도로 재미도 없고, 정말 못 만들었습니다. 하지만 캐릭터마다 꾸준히 영화를 만들고 그걸 어벤져스로 모은 건 탁월한 선택이었죠. 어떻게 보면 굉장히 유치한 선택인데, 이게 먹힌 이유는 아까 언급했듯 코믹스 키드들이 자라면서 수요층이 되었기 때문일 거예요. 저는 슈퍼 히어로물의 탄생과 유행의 배경을 세대적 관점에서 보고 있어요.

전찬일 세대 차이가 완벽하게 드러나는 대목이네요. 히어로물 이야기를 하니까 저는 말 한 마디 덧붙이기가 어려워요. 80년대 키드들은 코믹스를 보고 자랐다는데, 저는 태어나서 코믹스를 한 번도 본 적이 없어요. 어린 시절 잠깐 만화에 빠진 적은 있지만, 그때도 히어로 만화는 안 봤죠. 돌이켜 보니 제가 좀 이상한가 싶기도 하네요. *<600만불의 사나이1974>**나 *<원더우먼1975>*이 유행할 때도 거기에 빠진 적이 없었으니까요.

저는 영화를 삶의 연장으로 좋아하다 보니 현실과 너무 동떨어진 내용엔 재미를 잘 못 느껴요. 슈퍼 히어로물도 비유적으론 현실과 연관이 있기야 하겠지만, 설정 자체가 비현실적인 게 너무 많다 보니 괴리가 느껴진달까…. 그리고 전 오히려 영웅적 인물보단 반영웅적 인물이 나오는 이야기, 루저들이 영웅적 면모를 보이는 이야기에 더 흥미를 느껴요. 그래서 *<배트맨>*을 그나마 즐

---

* 1973년부터 1978년까지 미국에서 방영된 드라마. 국내에선 1976년부터 2년간 방영되었다. 비행기 사고 후 신체 일부를 사이보그로 개조한 주인공이 초인적인 힘으로 활약하는 액션 드라마로, 국내에선 어린이와 성인 모두에게 큰 인기를 끌었다.

겼던 것 같고요. 아, <블랙 팬서: 와칸다 포에버2022>도 나쁘지 않게 봤어요. 아주 재미있진 않아도, 흑인 여성 캐릭터들을 주인공으로 삼아 서사를 풀어내는 것에 흥미를 느꼈거든요. 하지만 엑스맨 시리즈나 어벤져스 시리즈 중에는 재미있게 본 작품이 없는 것 같아요. 제일 인기가 좋았다는 스파이더맨 시리즈 중에서도요.

라이너 말대로 슈퍼 히어로물은 세대 영향을 많이 받는 것 같아요. 이 테마 덕분에 저의 영화적 취향이 왜곡된 것은 아닌지 반성하게 되네요. 제가 영웅담을 즐기지 않는다고 해서 너무 찾아보지 않은 것 같아서요. 명색이 영화를 50년 이상 봐 온 본 평론가라는 사람이 의도적으로 영화를 피해 왔던 건 아닌지, 자신을 돌아보게 하는 계기가 되었습니다. 앞으로는 의도적으로라도 꼭 몇 편 이상은 챙겨 봐야겠어요.

슈퍼 히어로물을 의도적으로 피하시는 분들도 많죠. 제 주변만 봐도 '너무 유치할 것 같다, 너무 비현실적이다.'라고 생각하는 사람이 있는 걸요. 라이너 선생님, 그렇게 생각하는 사람들과 전찬일 선생님이 시도해 볼 만한 작품을 추천해 주시겠어요?

라이너　마블 영화는 스토리가 다 연결되다 보니 중간부터 시작하기가 좀 어려운데, 그나마 도전해 보기 좋은 작품을 굳이 꼽아보면 한 네다섯 작품 정도 추천할 수 있을 것 같네요.

그중 하나는 샘 레이미 감독의 <스파이더맨 2 2004>예요. 히어로 영화의 고전이라 부를 수 있는 작품입니다. 그걸 보면 피터 파커라는 인물이 왜 세계적으로 인기가 있을 수밖에 없는지를 알 수 있어요. 간략하게 이야기해 드리자면, 주인공 피터 파커는 힘을 가지고 있음에도 너무 고단한 인물이에요. 대학도 다녀야 하고, 아르바이트도 해야 해요. 돈이 없으니까요. 거기다 슈퍼 히어로로 활동도 해야 해요.

그런데, 아무리 슈퍼 히어로라고 해도 인간이잖아요. 인간이 그 모든 일을 어떻게 다 잘 해낼 수 있겠어요? 당연히 다 엉망이 되죠. 피터 파커는 점차 스스로에 대한 믿음을 잃어버리게 되는데, 그 믿음을 잃어버리니까 슈퍼 히어로의 힘도 없어져요.

전찬일   이건 얘기만 들어도 재미있네. 그 영화도 내가 분명 봤을 텐데, 새롭게 들려요.

라이너   그런 과정을 겪으며 피터 파커는 점차 자신이 왜 스파이더맨으로 살아야 하는지를 각성하게 됩니다. 기억이 잘 안 나신다면 다시 한 번 보세요. 정말 잘 만든 작품이라, 강력하게 추천합니다. 그다음으로는 엑스맨 시리즈 중 <엑스맨: 데이즈 오브 퓨처 패스트2014>를 추천하고 싶어요. 영화적으로 구성이 정말 좋기 때문에, 엑스맨을 몰라도 재미있게 볼 수 있죠.

전찬일   엑스맨 시리즈 중에서 몇 번째 작품이에요?

라이너   시리즈 전체로 보면 거의 여덟 번째일 것 같은데요, **리부트**Reboot* 중에 두 번째 편이에요. 이 작품은 위기에 처한 엑스맨들

---

*   기존 영화의 기본 설정을 가져다 새로 만드는 것을 의미한다. 전작의 특성과 골격을 최대한 따라 만드는 '리메이크' 방식과는 달리 '리부트'를 할 때는 많은 설정을 뒤엎는다.

을 그립니다. 인간들이 돌연변이인 엑스맨들을 없애기 위해 만든 센티널이란 병기가 등장하거든요.

센티널은 터미네이터 같은 존재인데, 상대의 초능력을 그대로 구현할 수 있는 능력을 갖추고 있어요. 그러니까 절대로 엑스맨들이 이길 수 없는 적인 거죠. 아무리 강한 초능력을 가지고 있어도 그걸 그대로 따라 해 버리는데, 어떻게 이기겠어요? 결국 많은 엑스맨들이 센티널에게 당하고 울버린까지 죽을 위기에 처하게 되죠. 그래서 사태를 해결하기 위해 과거로 사람을 보낼 수 있는 인물이 울버린을 과거로 보내고, 과거로 간 울버린은 센티널을 만드는 데 단초가 된 일을 막아 역사를 개변해요.

대략적인 이야기가 이런데, 제가 이 작품을 추천하는 가장 큰 이유는 늙은 엑스맨들과 젊은 엑스맨들이 함께 나오기 때문이에요. 오리지널 배우들과 리부트 배우들이 함께 등장해서, 엄청난 장르적 쾌감을 선사하거든요. 개인적으로 만듦새가 가장 뛰어나다고 생각하는 작품이기도 하고요. 꼭 보셨으면 좋겠어요. 또, <아이언맨>도 무난하게 추천해요. 워낙 재미있는 작품이니 누구나 쉽게 보실 만할 겁니다. 마블 영화가 본격적으로 시작하게 된 시작점이니 의미도 있고요. <가디언즈 오브 갤럭시 2014>도 굉장히 잘 만든 영화라 추천하고 싶네요.

추천작이 꽤 많은데, 마블 영화 중에서 딱 하나만 꼽으라면 뭘 고르시겠어요? 가장 먼저 어떤 작품을 보는 게 좋을까요?

라이너 아, 제가 빼먹은 작품이 있어요. 마블 영화 중 가장 수준이 높다고 생각하는 작품인데, 이걸 빼먹었네요. <캡틴 아메리카: 윈터 솔

*져*2014>요. 아마 마블 팬들도 다 동의하실 거예요. 마블 영화 삼십여 편 중 하나만 꼽으라면, 저는 이 작품을 꼽겠습니다. '영웅이란 대체 무엇인가?'라는 아주 중대한 질문을 던지는, 그런 영화거든요.

캡틴 아메리카는 국가의 명령을 따르던 군인이자 영웅이죠. 하지만 이 작품에서는 국가의 불의에 반기를 듭니다. 그리고 '내가 어떤 나라의 국민이냐.'가 아니라, '내가 생각하는 정의가 무엇인지 스스로 판단하고 그 신념에 따라 행동하는 것'이 중요하다고 말하죠. 제 생각에 그렇게 말하는 히어로는 아마 캡틴 아메리카밖에 없을 거예요.

전찬일 그러니까 히어로물에 도전해 보고 싶다면, *<캡틴 아메리카: 윈터 솔져>*를 가장 먼저 보라는 거죠? 그거 보고도 재미없으면 관둬도 되나?

라이너 네. 그 작품을 보고도 히어로물에 재미를 못 느끼신다면, 더 안 보셔도 될 것 같습니다. 굳이 한 작품 정도 더 도전해 보고 싶다면 *<가디언즈 오브 갤럭시>*를 보시면 좋을 것 같아요. 두 작품은 느낌이 아주 다르니까요.

마블 영화 이야기를 하며 PC주의를 빼놓을 순 없죠. 이 부분에선 전찬일 선생님도 하고 싶은 말씀이 있을 것 같아요. 최근 마블의 행보를 가리켜 "PC주의 때문에 망했다."라고 평가하는 사람이 많습니다. 두 분은 어떻게 생각하세요?

라이너 선생님은 이 주제를 조금 민감하게 받아들이실 수도 있을 것 같아요. 워낙 뜨거운 이슈이기도 하고….

전찬일 요즘엔 '주의'라고까지 하나 보죠?

라이너 보통 'PC주의'라고들 하죠. PC가 Political Correctness의 약자이다 보니 보통 '정치적 올바름'이라고 번역하는데, 저는 이게 잘못된 번역이라 생각해요. 그래서 번역하지 않고 그냥 'PC'라는 용어를 쓰겠습니다. PC라 하면, '정치적으로 차별 없는 표현을 쓰자.'는 운동이라고 볼 수 있는데 이게 영화로 넘어오면서 문제가 많이 되고 있어요. 대중 사이에서 'PC를 주입하려고 한다. 우리를 가르치려고 한다.'라는 반발심이 매우 크거든요. 이 반발이 유의미한 지점도 있는데, 전통적인 평론가분들은 조금 받아들이기 어려워하는 문제인 것 같아요.

페미니즘만 해도, 예전에 영화 공부를 하셨던 분들에겐 '좋은 것', '바람직한 것'이라는 생각이 당연하잖아요. 저도 예전에는 마냥 그렇게 생각했고요. 차별을 없애고 평등을 지향하자는 거니까, 당연히 바람직할 것이라는 생각이 컸죠. PC에 대해서도 '차별하지 말자는 거니까 좋은 거 아닌가?' 하고 생각했지만, 다르게 받아들이는 대중을 보며 여러 생각을 해 보게 되었습니다. 대중의 반발심이 크게 드러난 사례가 디즈니의 인어 공주 실사화 이슈인데, 선생님도 알고 계세요?

전찬일 거기에 무슨 논란이 있었나요?

라이너 디즈니의 <인어공주2023> 실사화는 캐스팅 때문에 제작 시점부터 논란이 있었어요. 사람들이 생각하는 에리얼이라는 인어 공주 캐릭터는 빨간 머리에 하얀 피부잖아요. 인어 공주의 원전 동화가 덴마크 작품이기도 하고, 예전에 나온 애니메이션 영향도 있으니까요. 그런데 디즈니에서 에리얼 역에 흑인 여성을 캐스팅해서 논란이 된 거예요.

개인적으로, 저는 이 논란이 굉장히 놀라웠어요. 예전엔 이렇게까지 PC주의에 관한 반발심이 크게 드러나지 않았거든요. 비판하는 측의 입장은 이거예요. '백인 캐릭터를 **블랙워싱**Blackwashing* 하는 거 아니냐. 이렇게까지 해서 우리에게 주입하려는 것이 대체 뭐냐. 교조주의적이다.' 찬성하는 의견도 많지만, 반발이 워낙 거세 논란이 되었죠. 선생님은 이러한 논란을 어떻게 보세요? 고견을 구하고 싶습니다.

전찬일 여태껏 저는 제가 PC에 대해 특별히 의식하지 않는다고 생각했어요. 그런데 이야기를 듣다 보니 새삼 제가 PC를 상당히 중요시해 온 것 같다는 생각이 드네요. 저는 어떤 종류의 차별에든 반대해 왔어요. 영화계에서도 오랫동안 4~50대 백인 중년 남성이 중심이었던 것에 반감을 품고, 의도적으로 저항한 이들이 있잖아요? 저는 그 반감에 공감하며 그러한 저항을 어느 정도 지지해 왔죠. 심지어는 그 저항이 깊이 있지 못하고, 다소 어설프더라도 시도 자체에 의미를 두기도 했고요. 그런 점에서, 오늘 이야기를 통해 제가 'PC주의'라는 것에 무의식적으로 사로잡혀

---

* 원작 캐릭터나 역사적 인물이 유색인종임에도 백인 배우를 캐스팅하는 걸 가리켜 '화이트워싱'이라고 한다. '블랙워싱'은 이에 대응해 나온 말로, 원작 캐릭터나 역사적 인물이 흑인이 아닌데도 흑인 배우를 캐스팅하는 경우를 가리킨다.

있던 건 아닌가 되돌아보게 돼요.

저는 '여태까지 백인 이외의 인종이 역사적으로 오랜 기간 차별을 받아 왔으니, 일정 기간은 의식적으로 그들에게 새로운 기회를 주는 것도 필요하다.'고 보는 사람이거든요? 이런 측면에서 보면 디즈니의 선택도 나름대로 의미 있는 시도 같고, 나쁘지 않다고 생각해요. 그런데, '좀 자연스럽게 가면 좋지 않았을까. 반감이 심하지 않은 선에서 조율 내지는 타협하면 더 좋았겠다.'라는 생각은 듭니다. 주인공을 단순히 흑인 여성으로만 바꾸는 게 PC의 연장으로 택한 최선의 결과인지도 조금 의문이 들고요. '주인공을 흑인 여성으로 바꾸기만 하면, 그동안 존재해 온 차별이 극복되는 것인가?'라고 물으면, 잘 모르겠거든요.

요즘 보면, 페미니즘이나 PC에 대한 반감을 강렬하게 표하는 사람이 많아요. 저는 반감을 표하는 것 자체가 목적이 되는 건 바람직하다고 생각하지 않지만, 너무 왜곡되거나 과장된 반감이 아니라면, 그 반감도 어느 정도는 감수해야 할 필요가 있다고 생각합니다.

라이너   저도 PC 자체에 반대하는 것은 의미가 없다고 생각합니다. 당연히 PC는 꼭 필요한, 좋은 운동이죠. 우리가 사용하는 말 중에 공격적인 함의가 들어 있는 표현이나 차별적이고 혐오적인 표현을 지양하고 순화해서 사용하자는 건데, 얼마나 좋아요.

그런데 인어 공주 실사화를 위해 주인공의 피부색을 바꾸는 건 굉장히 도식적인 거잖아요. 선생님이 말씀해 주신 것처럼 차별의 대상이었던 이들에게 의식적으로 기회를 제공하는 것 자체만으로도 의미가 있을 순 있지만, 너무 많은 사람이 이렇게 생각하잖아요. '왜 굳이?'라면서요.

이미 사람들 관념 속에 자리 잡은 캐릭터를 굳이 바꿔 버릴 만큼 필요성이 있냐는 건데, 이런 의문을 야기하면서까지 왜 그러는 걸까요? 진짜 이유는 결국 상업적 목적 때문 아닐까요? 저는 영화에서 PC를 내세우는 데는 두 가지 정도 이유가 있다고 봅니다. 하나는 돈 때문이고, 다른 하나는 '척'하기 위해서죠. 요즘 할리우드에선 흑인 배우의 대접을 다르게 하려고 하고, 아시아인 배우들을 등장시키려고 하잖아요. 저는 그런 것도 그냥 '점잖은 척'하는 거라 생각합니다. 요즘은 주인공을 백인 남성으로 하는 것도 꺼리는 분위기고, 흑인 남성 배우에게 악당 역을 주는 것도 시대적으로 어긋나는 것처럼 받아들여져요. 그런데, 이런 분위기에서 자유로운 영화 만들기가 가능할까요?

정치적 이슈 때문에 영화를 만들 때의 자유로움이 없어지는 것 같아요. 마블 영화만 봐도 그래요. 디즈니가 마블을 인수하면서 마블의 PC주의가 공격을 굉장히 많이 받고 있죠. 마블이 인수되기 전에 만든 <아이언 맨>을 떠올려 보세요. 주인공 토니 스타크는 지금으로서는 상상도 하기 어려운 캐릭터였어요. 억만장자 플레이보이 캐릭터가 어떻게 PC할 수 있겠어요. 불과 몇 년 전까지만 해도 그런 캐릭터가 나올 수 있었는데, 시대가 변하면서 지금 마블 영화에 나오는 캐릭터들은 다 순둥순둥, PC하기만 해요. 그러니까 대중들은 영화에서의 표현을 이렇게까지 가로막을 필요가 있는지 의문을 품는 거겠죠.

전찬일 그렇군요. 저는 PC주의자라고 욕을 먹는 한이 있더라도 조금 보수적으로 보는 부분이 있어요. 저는 영화 속 대사에 '병신', '등

신' 같은 표현이 나오면 일단 그 영화는 인정 안 합니다. *<청년경찰2017>*은 한국 영화 평론가 협회에서도 호평을 받은 영화지만, 저는 그 영화를 인정하지 않아요. 영화 속 인물들이 툭하면 혐오 표현을 쓰거든요. 또, 여자가 어쩌니저쩌니 하는 대사가 나오는 영화도 인정 안 해요. 십 년, 이십 년 전엔 딱히 의식하지 않았던 표현들이지만, 이제는 용서하기 어려워요. 시대가 바뀌었잖아요. 꼭 PC를 목적으로 삼는 게 아니더라도, 시대에 맞는 창작을 할 필요는 있다고 생각합니다.

라이너 선생님, 그럼 혹시 그런 혐오적 표현을 쓰는 인물이 길거리 양아치 캐릭터라 해도 용납하기 어려우신가요?

전찬일 안 그래도 그 얘길 이어서 하려고 했어요. 캐릭터가 그런 표현을 쓸 만한 캐릭터라면, 당연히 저도 감안하고 봅니다. 근데 *<청년경찰>*이나 *<걸캅스2018>* 같은 영화는 거기에 해당하지 않아서 용서가 안 됐어요. 캐릭터를 전제하고 그런 표현을 쓴 게 아니라, 그냥 남발했거든요. 저는 그게 작가가 미처 고려하지 못하고, 자기 습관을 버리지 못해서 나온 결과라고 생각해요. 저도 조폭이나 양아치 같은 캐릭터가 그런 말을 피해 가면서까지 PC를 고집할 필요는 없다고 생각하고, 그러기 어렵다는 것도 압니다. 그래서 맥락에 따라 그런 표현을 용인하기도 해요. 그런데 이야길 나눌수록 제가 PC를 중요시하는 사람인 건 맞는 것 같단 생각이 새삼 드네요.
예전에 김수현 작가 드라마를 보다가, 등장인물 중 하나가 인도로 발령 받아 집안이 초상집 분위기가 되는 에피소드를 보고 정말 실망했던 적이 있어요. 이게 말이 됩니까? 그게 90년대 후반

드라마이긴 해도, 그때부터 인도는 IT 강국이었단 말이에요. 그런데 거기선 무슨 인도를 후진국처럼 비하하면서, 그런 델 어떻게 가냐고 해요. 그때도 저는 그걸 보며 어떻게 저렇게 무식할 수가 있나 경악했어요.

저는 이렇게 시대에 맞지 않는데다 이유를 납득할 수조차 없는 혐오적 표현이 지양되어야 한다고 생각합니다. 그게 욕을 먹는 한이 있어도 고집하는 제 입장이에요. 그리고 라이너가 할리우드에서 흑인 배우의 비중이 점점 커지는 현상에 관해 잠깐 언급했는데, 이건 흑인들이 어느 정도 기득권을 갖게 되면서 생기는 현상인 것 같아요. 유구한 차별의 역사 안에서 고통받았던 유대인들이 기득권을 갖게 되면서, 미국 사회를 움직였잖아요? 물론 PC를 중요시하는 시대의 요구 때문이기도, 상업적 목적 때문이기도 하겠지만 반감까지 감수해 가며 이렇게까지 흑인 배우들의 비중을 늘려 나가는 데는, 이런 비하인드가 있는 게 아닐까요?

라이너 하하. 선생님, 저희가 여기서 음모론을 펼치면 되겠습니까?

전찬일 제가 그냥 생각해 본 거예요. '흑인의 권한이 예전에 비해 월등히 커지고 그 안에서 실력자들과 권력자들이 많이 두드러지면서, 그만큼 입김도 더 많이 반영되고 있는 게 아닐까?' 하고.

라이너 그럴 수도 있죠. 그런데 저희는 지금 작품에 대해 얘기를 하고 있는 거니까, 하던 이야기로 돌아가 보죠. 저도 당연히 선생님처럼 PC주의 자체엔 동의해요. 그런데, 단순히 동의하고 지지하는 걸 넘어, 너무 과하게 반응하는 사람들이 있잖아요. PC주의에 어긋나면 맹목적으로 불편함을 표하는 사람들이요. 게다가 그런 사람들이 불편함을 표하는 대상이 영화에만 한정되는 것도 아니에요. 연극에서도, 여성에게 공격적이거나 여성을 겁탈하려는 인물이 있으면 그 캐릭터가 범죄자임에도 불구하고 불편하다고 하는 사람들이 있어요.

전찬일 그런 식이면 정말 아무것도 못 하지.

라이너 그런 이들의 영향으로 연극이나 뮤지컬판에선 무대 소품이나 내용을 뒤늦게 바꾸는 경우가 상당히 많다고 해요. 우리는 지금 '내가 불편하면 안 되는' 시대를 살고 있는 것 같아요. 그래서 자꾸 작품을 건드리는데, 저는 정치적 이슈를 가져다가 표현의 자유를 막아도 된다고 생각하는 건 바람직하지 않다고 봅니다. 작품이라는 건 결국 어떤 표현을 하는 건데, 그 표현을 제한하고 작품을 건드리는 게 정말 필요한 일인지 의문이 들어요.

디즈니는 그동안 정말 좋은 일을 많이 했어요. <**뮬란**1998>부터 시작해서 <**포카혼타스**1995>, <**겨울 왕국**2013>에 이르기까지 많은 작품에서 여성을 주인공으로 내세우고, 멋진 여성 서사를 보여 줬죠. 나름대로 다양한 인종을 보여 주기도 했고요. 저는 그런 부분에 있어선 그들의 공이 상당히 크다고 생각해요. 정말 인정하는 부분이고, 대단하게 여겨요. 여성 서사를 디즈니만큼 잘 만들 수 있는 제작사는 세상에 없으리라 생각할 만큼요. 하지만 그 디즈니적인 PC주의를 마블의 슈퍼히어로 영화에 1대 1 대응시키려고 하는 시도는 우려가 됩니다.

전찬일　그런 게 압력이라고 하면 압력일 텐데, 그 압력은 갈수록 세지면 세지지 약해지진 않을 거예요. 필요한 거긴 하니까 무시할 순 없지. 하지만 그런 압력이 있다고 한들 결국에는 선택의 문제 아니겠어요?

창작자는 '내 작품에서는 위험을 감수하고서라도 표현의 자유를 지키겠다.'라거나 '일부 반감을 사는 한이 있더라도 시대의 요구에 부응하는 작품을 만들겠다.'라는 선택을 할 수 있어요. 관객도 마찬가지죠. 불편하기 때문에 외면할 수도 있고 불편하지 않기 때문에 선택할 수도 있어요. 당연히, 불편하지만 선택할 수도 있고요.

아까 이야기한 인어 공주 실사화 작품이 배우만 흑인 여성으로 했을 뿐 재미도, 감동도, 설득력도 없게 만들어진다면 그 작품은 다수에게 외면받을 거예요. 하지만 그럼에도 그 신선함을 높이 사서 그 작품을 좋아하는 사람들도 있겠죠. 이 문제가 옳고 그름의 문제는 아닌 것 같아요. 그냥, 창작자와 수용자 개개인의 선택에 달린 문제가 아닐까 싶습니다.

라이너　저는 여기서 평론가들의 문제도 지적하고 싶어요. 평론가들은 PC적인 가치를 내세우는 작품이 나오면, 일단 칭찬하는 경향이 있잖아요? 저는 작품은 작품으로 칭찬해야 한다고 생각하는데, 많은 평론가가 "이 작품은 흑인이 주인공인 작품이다." 또는 "아시아 여성이 주인공인 작품이다." 같은 이유를 내세우며 그렇기 때문에 의미 있는 작품이라고 해요. 영화가 무슨 표도 아니고, 어떤 주장을 위한 것도 아닌데 말이죠.

앞에서 말씀하셨던 주장과도 통하는 면이 있네요. 디즈니 영화가 PC를 내세우는 이유를 '돈'과 '척하기'라는 두 가지로 드셨었죠.

라이너   저는 슈퍼 히어로 영화에 PC한 가치를 마구잡이로 집어넣는 것도, 평론가들이 이런 식의 평론을 많이 하는 것도 다 그게 편하고 안전하기 때문에 그러는 거라고 생각해요. 그리고 그런 이유로 대중에게 더 반감을 사는 것 같아요. 특히 젊은 세대들에게요. 요즘 젊은 세대는 나이 많은 평론가들을 'PC 전사', '페미니스트'라고 카테고리화하고, '여자나 소수 인종이 주인공으로 나오면 무조건 칭찬하는 사람들'로 여겨요. 인어 공주 영화의 주인공이 흑인이라고 했을 때도 이렇게들 반응했죠. "평론가들 반응 뻔하네. 흑인 여성 배우를 인어 공주역에 캐스팅했으니까 의미 있는 작품이라고 하겠지, 뭐." 요즘 젊은 세대는 마구잡이식 PC를 넘어선 다른 고민을 하고 있는데, 평론가들이 안전하기 위해 고민 없는 평론을 하고 있는 것 같습니다. 심각한 문제라고 생각해요.

전찬일   어떻게 보면, 그런 선택 때문에 역차별이 발생할 수도 있죠. 저 또한 그런 부분과 관련해 평론가들이 어떤 도식성이나 편의성을 경계하고 신중히 해야 한다고 생각해요.

다큐멘터리와 독립 영화

놓쳤던 것들에 대한 포착

다큐멘터리 영화나 독립 영화는 접할 만한 플랫폼이 많아졌는데도 쉽게 손이 가지 않습니다. 지루할 것 같다는 편견 때문인 것 같아요. 이런 편견을 이겨내고 꼭 봐야만 하는 작품이 있을까요?

라이너 다큐멘터리 영화부터 이야길 해 보죠. 정말 좋은 작품들이 많아요. 요즘 넷플릭스 이용하시는 분이 정말 많잖아요? 넷플릭스 오리지널 콘텐츠 말고도 다양한 영화, 드라마를 보기 위해 많이들 쓰실 텐데, 넷플릭스의 진짜 장점은 좋은 다큐멘터리가 많다는 거예요. *<시청률 살인2019>*이나 *<위기의 민주주의: 룰라에서 탄핵까지2019>* 같은 작품들이요. 간혹 "왜 다큐멘터리 영화가 필요하냐? 그 재미없는 걸 왜?"라고 하는 사람들이 있는데, 꼭 보세요. 엄청 재미있어요.

사회에 어떤 사건이 발생하면 그 일이 마무리된 후 누군가는 정리를 해 줘야 하는데, 저는 그 지나간 사건을 정리하는 가장 괜찮은 방식이 두 시간짜리 다큐멘터리라고 생각합니다. 좀 더 길어도 좋고요.

어째서 그렇죠? 가능하면 예시도 들어서 부탁드립니다.

라이너 잘 만든 다큐는 사건을 정리해 주고, 새로운 시각을 드러내요. 그래서 누구도 바라보지 않던 지점을 바라보도록 만들어 주기도 하죠. 저는 전후석 감독의 *<초선2022>*이라는 다큐멘터리를 그 예로 들고 싶습니다. 2020년 미국 하원의원 선거에 나간 한국계 미국인 다섯 명의 이야기를 담은 작품인데요. 단순한 선거 영화가 아닙니다. 한인 1세대와 2세대 간 갈등이라든지, 한인이 미국 내에서 받아 온 차별 같은 걸 굉장히 잘 보여 주는 작품이에요.
특히 저는 데이비드라는 인물의 이야기가 인상 깊었습니다. 이 사람은 한인 2세고, 동성애자예요. 그런데 아버지는 트럼프 지지자고, 한인 교회 목사입니다. 이 아버지는 아들에게 "넌 잘못됐다. 기도해서 치료받아야 한다." 같은 말을 서슴지 않는 사람이에요. 동성애를 치료해야 할 병으로 보는 거죠. 이런 환경에서 상처받으며 자란 데이비드라는 인물이 LA를 바꿔 보겠다고 하원의원 선거에 도전하는 내용이 정말 인상 깊고 흥미로웠어요.
그리고 이 다큐를 보면 '미국에 사는 한국인'에 불과했던 한인들이 '코리안 아메리칸(한국계 미국인)'이 되기까지, 어떤 계기와 과정이 있었는지도 알 수 있어요. 그 큰 계기 중 하나가 **429** *인데요,

---

* 1992년 4월 29일부터 5월 4일까지 미국 로스앤젤레스에서 일어난 폭동. '로드니 킹'이라는 흑인을 집단 폭행한 백인 경찰관들이 재판에서 무죄를 선고받고 풀려난 일을 계기로 발생했다. 일 년 전인 1991년에는 한 흑인 소녀가 '두순자'라는 한인에게 총을 맞아 사망하는 일이 있었고, 이로 인해 한인에 대한 흑인의 반감도 높아진 상황이었다. 하지만 경찰력이 부유한 백인 거주지역에만 배치되면서, 흑인들은 코리아타운에서 약탈과 방화를 일삼게 되었고 결국 LA 한인들은 이 사건의 가장 큰 피해자가 되었다.

'LA 폭동'이라고 알려진 그 사건이죠. 그들은 그걸 429라고 부르더라고요.

아무튼 <초선>은 그런 계기와 과정을 정말 잘 설명해 주는 다큐멘터리예요. 저는 이 다큐에서 한동안 빠져나오기가 힘들었어요. 미국 내에서 한인을 대상으로 한 혐오 범죄가 얼마나 심각한지에 대해, 그리고 소수 인종이 여전히 받는 차별에 대해 오래 생각해 보게 됐습니다. 저는 다큐멘터리가 이렇게 생각해 보지 못한 부분들에 대해 생각할 수 있게 해 주고, 문제를 제기할 수 있게 해 준다는 점에서 의미 있다고 생각해요.

지금 우크라이나와 러시아의 전쟁에 관한 이야기가 쏟아지고 있잖아요? 이것도 언젠가는 다큐멘터리로 만들어지겠죠. 우크라이나에서 싸웠던 시민군 이야기, 러시아 내에서 전쟁을 반대하다 잡혀간 사람들 이야기 등 여러 관점에서 만들어질 거예요. 저는 그런 다큐멘터리 영화를 통해 우리가 지나온 역사와 우리가 살고 있는 현실을 바라보는 새로운 시각을 가지게 되겠죠. 그리고 그걸 가능하게 해 준다는 게 다큐멘터리의 아주 중요한 장점이라고 생각합니다.

전찬일 저는 <초선>이라는 작품을 그냥 지나쳤는데, 라이너의 설명을 듣고 나니까 그런 좋은 작품을 지나친 게 창피해지네요. 좋은 작품을 소개해 주는 일이 이렇게 중요하다니까요. 일반 관객뿐 아니라, 영화를 업으로 삼으며 말하고 쓰는 저 같은 사람에게도 관심을 환기하게 해 주잖아요. 이 작품은 꼭 봐야겠어요.

코로나19가 영화계 전반에 많은 위기와 불행을 가져오긴 했지만, 다큐멘터리 장르에는 오히려 기회를 준 것 같기도 해요. 상업 영화 제작이 침체되면서, 다큐멘터리 영화가 상영되고 주목받을 기회가 조금은 늘었으니까요. 코로나19 동안 정말 여러 편의 국내 다큐멘터리 영화가 개봉되었어요. 논란의 여지가 많은 이상호 감독의 *<전투왕 2021>*이나 봉준호 감독이 추천한 *<미싱타는 여자들 2020>*, 발달장애인 정은혜 작가가 출연한 일상 다큐멘터리 *<니얼굴 2020>* 같은 작품들이요. 저는 그중에서도 *<아치의 노래, 정태춘 2021>*이라는 작품을 가장 감명 깊게 봤어요. 제가 2022년에 본 영화 중 TOP10 안에 꼽는 작품이에요. 이 다큐멘터리는 정태춘이라는 투사 예술가의 삶과 노래에 관한 이야기를 통해 '한 예술가가 음악으로 이 사회와 어떻게 싸워 왔는지'를 보여 줍니다. 결코 지루하지 않아요. 보시길 추천해요.

라이너   아, 저 한 작품 더 추천할게요. 이 책에 꼭 써서 추천하고 싶은 작품이 떠올랐거든요. *<내언니전지현과 나 2019>*라는 작품인데요, 저는 이 작품을 정말 모든 사람에게 추천하고 싶어요.

제목이 무척 특이한데요. 어떤 작품인가요?

라이너   *<내언니전지현과 나>*는 99년에 출시한 대한민국 대표 망겜 '일랜시아'의 유저에 대한 이야기입니다. 일랜시아는 너무나 망한 게임이라 제작사에서도 아무 관심이 없고 그저 잊힌 게임에 불과한데요. 감독이 그 게임에 남아 있는 사람들을 찾아가서 묻습니다. "일랜시아 왜 하세요?"라고요.
멈춰 버린 세계, 운영진이 찾아오지 않는 게임, 사람보다는 매크로가 더 많이 플레이하는 게임이지만 이 게임의 세계에는 지난날의 추억이, 내가 살아온 시간이 박제되어 있죠. 이 정도면 이 게임을 '심폐소생'하겠다는 계획이 그럴듯하게 들리지 않을까요? 단지 디지털 데이터에 불과하다 생각할 수 있는 게임 속 세계에도 사람이, 마음이, 뭉클한 추억이 있다면 그것은 더 이상 차가운 데이터 쪼가리가 아닌, 누군가에게는 소중한 보물일 것입니다.

<내언니전지현과 나>는 디지털 자체를 굉장히 따뜻하게 그려냈습니다. 아마 이런 다큐는 또 없을 거예요. 어떤 사람들에게는 컴퓨터 안 세상이 고향일 수 있다는 걸 보여 주는데, 저는 그런 정서를 따뜻한 시선으로 담아내고 표현한 것만으로도 정말 훌륭하다고 생각합니다. 근 오 년 동안 본 다큐멘터리 영화 중에서 제일 좋았어요. 전찬일 선생님은 일평생 MMORPG 온라인 게임은 한 번도 안 해보셨죠?

전찬일   그렇죠.

라이너   선생님 같은 분들이 이 다큐를 보시면, 요즘 세대를 이해할 수 있으실 거예요. 그렇기 때문에 정말 훌륭하고, 모두에게 추천할 만한 작품이라고 생각합니다.

전찬일   그렇군요. 우리나라에선 워낙 오랜 기간 다큐멘터리 영화가 홀대를 받다 보니 개인적으로 참 안타까웠는데, 이렇게 좋은 작품들에 관해 이야기하며 다큐멘터리 영화의 중요성을 환기할 기회가 생겨서 참 좋아요.

다큐멘터리 영화 중엔 앞에서 언급한 <전투왕>처럼, 논란이 있는 작품도 있어요. <그대가 조국 2022>도 너무 편파적인 시선을 담은 영화가 아니냐는 비판을 받으며 논란이 생겼죠. 하지만 저는 그 작품도 좋았어요. 조국이라는 사람을 일방적으로 편드는 방식의 다큐멘터리는 아니라고 봤거든요. 우리가 누구든 조국이될 수 있다는 문제를 제기한 작품이었기 때문에 조국에 대한 입장을 떠나 그 작품을 좋게 봤어요.

다큐멘터리 영화는 이렇게 장편 극영화가 놓치는 사회 고발, 사회 비판 기능도 할 수 있어요. 그렇기 때문에 다큐멘터리 영화에 의무적인 관심을 둘 필요가 있습니다. 평론가라면 더더욱 그래야 할 테고요. 그렇다고 의무적인 관심을 필요로 하는 장르가다큐멘터리뿐이라는 건 아닙니다. 애니메이션이나 독립 영화도마찬가지예요. 정말 많은 평론가가 장편 극영화가 주류인 것을당연하게 여기면서 그쪽에만 관심을 쏟잖아요? 그게 반성해야할 부분이라는 의미에서 한 말이에요.

영화 비평에 빠지지 않고 등장하는 미장센 같은 걸 다큐멘터리 영화에선 기대하기는 어려울 것 같은데, 다큐멘터리 영화는 어떤 기준으로 평가하시나요?

전찬일   전문가든 아니든 다큐멘터리 영화를 볼 땐 상대적으로 미학적완성도는 덜 보죠. 우리가 일반적으로 다큐멘터리 영화에 기대하는 건 이런 거 아닐까요? 우리 삶이나 사회에 필요한 메시지를 다뤄주는 것, 문제의식을 드러내 주는 것이요. 상업성으로치닫는 일반 극영화가 간과하게 되는 것들을 다큐멘터리 영화에 기대하게 되는 것 같아요. 그렇기 때문에 다큐멘터리 영화를볼 때는 '그 영화에서 다루는 소재가 무엇인지, 어떤 문제의식을 드러내는지'를 중점적으로 보고, 그에 따라 평가해야 한다는 게 제 입장이에요. 그런 관점에서 <*김군*2018> 같은 다큐멘터리 영화를 웰메이드 작품이라고 평가하고요.

누군가는 다큐멘터리 영화도 극영화처럼 세련되게 만들어야 한다고 할 수 있겠지만, 다큐멘터리 영화는 일반적으로 예산을 넉넉하게 확보해 만들기 어렵잖아요. 그 점은 감안해서 봐야 하지 않나 싶어요.

라이너 저도 선생님과 비슷한 입장이에요. 저 역시 다큐멘터리 영화를 볼 때는 비교적 미학적 완성도를 덜 봅니다. 대신 '어떻게 이야기를 잘 정리해서 효과적으로 전달하느냐', '그 안에 감독의 시선을 어떻게 담느냐.'를 중요하게 봐요.

전찬일 다큐멘터리 영화는 사회적 발언을 담지 않는 경우가 더 드무니까, 아무래도 그런 부분에 집중해서 보게 되죠. 국내 개봉작들만 봐도 사회적 발언을 담지 않은 다큐는 거의 없잖아요? 개인의 삶에 초점을 맞춘 <*니얼굴*> 같은 작품은 아주 예외적인 케이스고요.

라이너 개인의 삶에 초점을 맞춘 작품 중에 인상 깊게 본 작품이 떠오르네요. <*울림의 탄생*2020>이라고, 우리나라 무형 문화재이자 북 장인이신 임선빈 명인의 삶을 담아낸 다큐인데요. 정말 재미있게 봤습니다.

국가의 중요한 행사 때 커다란 북을 쓰잖아요? 그런 북은 다 손으로 만들어야 하는 거래요. 이 다큐멘터리는 명인이 평창 동계패럴림픽 개회식에서 쓸 대고大鼓를 만드는 과정을 카메라에 담아낸 거예요. 북을 만들기 위해 한쪽 귀가 들리지 않는 명인이 북의 울림에 귀를 기울여 가며 일 년간 북과의 씨름에 몰두하는 모습, 그리고 아버지의 기술을 물려받고자 하는 아들의 복잡미묘한 감정, 전통 예술 계승자들의 고단한 삶 같은 걸 엿볼 수 있었어요.

전찬일　다큐멘터리 영화는 장르 특성상 사회성이 상대적으로 약하면 호응을 얻기가 더 어려운 것 같아요. *<김군>*이나 *<아치의 노래, 정태춘>*처럼 어느 정도 사회 고발적, 사회 비판적 메시지를 담은 작품이 아무래도 관심을 환기하기 수월하죠. 워낙 사람들이 잘 찾지 않는 장르니까 관심을 환기할 만한 포인트를 잘 어필해야 그나마 관객을 모을 수 있는 거죠. 그런데 개인의 삶을 다루는 작품들은 그러기가 쉽지 않잖아요.
*<울림의 탄생>*은 정말 의미 있는 작품인데, 그러니 만큼 관심을 불러일으킬 방법에 대해 더 많이 고민하고, 기획 단계에서부터 좀 더 치밀하게 전략을 세웠으면 더 좋지 않았을까 하는 아쉬움이 있어요.

이제 독립 영화 이야기로 넘어가 볼까요? 독립 영화도 다큐멘터리 영화만큼이나 대중들이 잘 찾지 않는 영화인데요.

라이너　독립 영화는 우리 영화계에서 정말 소중합니다. '독립 영화는 재미없고 지루하다.'라고 생각하시는 분들이 많은데요. 그건 독립 영화가 상업 영화의 문법을 따르지 않아서 그래요. 상업 영화처럼 관객들을 확 끌어들여 이야기를 보여 주지 않고, 나름의 서사 구조를 만들거나 혁신하는 경우가 많으니까요.
게다가 독립 영화를 만드는 사람은 보통 하고 싶은 이야기가 많아서 영화를 만들어요. 그 하고 싶은 이야기는 지극히 개인적인 취향에 따른 것일 수도 있지만 대부분은 사회적 메시지, 인간 또는 자신에 대한 탐구, 관계에 관한 것이고요. 이렇게 깊고 진지한 이야기를 풀어내려는 경향이 강하다 보니, 독립 영화가 관객에게는 지루하거나 어렵게 느껴질 수 있어요.

하지만, 그럼에도 독립 영화는 소중합니다. 뛰어난 연기력으로 많은 분께 사랑받고 있는 구교환 배우나 박정민 배우 같은 분이 독립 영화 출신이잖아요? 배우뿐 아니라, 독립 영화에서 뛰어난 기량을 선보이다 상업 영화 제작판으로 넘어와 실력을 증명하는 감독들도 있어요. 독립 영화는 상업 영화에 새로운 피를 수혈해 주는, 우리가 가꿔야 할 밭과 같아요. 이 토양에 거름을 주고 잘 키워 내야 상업 영화라는 꽃을 피울 수 있는데, 제작사나 투자자들이 그걸 간과하죠. 대기업 위주의 영화 제작 시스템하에서, '기존에 잘나가던 감독이나 왕년에 영화 좀 만들었다가 쉬고 있는 감독을 데려다가 자본 좀 투입해 만들어서 내면 되겠지.' 같은 생각만 하는 것 같아요. 장기적으로 봤을 때, 독립 예술 영화에 계속 관심을 두고 자본을 투입하지 않으면 한국 영화가 잘되기 어려울 텐데 말이에요.

전찬일 라이너의 말에 대체로 동의합니다만, 짚고 넘어가고 싶은 게 하나 있어요. 독립 영화 진영에서 상업 영화로 넘어간 사람들에 대해 언급했는데, 그렇게 넘어가서 성공을 거둔 경우가 있나요? 독립 영화 <*잉투기*2013>로 주목할 만한 데뷔를 하고 수십 억대의 중간 규모 영화 <*가려진 시간*2016>을 거쳐 총제작비 이백억 원이 넘는 대작 <**콘크리트 유토피아**>로 대중·상업 영화 감독으로 우뚝

선 엄태화 같은 극소수 예외를 제외하고는, 저는 성공 사례를 들기 쉽지 않은데요. 그만큼 한국 영화계에선 현실적으로 흔치 않은 일이고, 그렇기 때문에 문제가 크다고 생각해요.

할리우드에서는 독립 영화감독이 상업 대중 영화로 넘어가서 스타로 자리 잡는 경우가 제법 있어요. 대표적인 인물이 쿠엔틴 타란티노 감독이죠. 하지만 우리나라에선 그게 정말 어려워요. 제가 한국 영화의 미래를 많이 걱정한다면, 이것 때문에 그래요. 앞으로도 계속 대중 상업 영화는 소수의 '만들던 사람'이 만들게 될 것 같아서.

상업 영화 쪽에서 새롭게 떠오르는 감독을 보면, 계속 그 판에 몸담고 있던 시나리오 감독이나 조감독이에요. 새로운 인물에게 기회가 가도 계속 그 판에 있던 이들에게 가지, 독립 영화판에 있던 감독한테 기회가 가진 않는다는 거죠. 물론 상업 영화판에서 오래 버텨 온 이들한테 기회가 가는 게 문제라는 건 아니에요. 그 사람들도 정말 어렵게 기회를 얻게 되는 상황이니까요. 2022년 개봉한 <올빼미 2022>의 안태진 감독은 <왕의 남자 2005>에서 조감독을 맡았던 사람인데요. 감독으로 데뷔하기까지 십칠 년이 걸렸다고 해요. 그 긴 시간 동안 버티고 살아남아 자기 작품을 만들어 냈다는 건 정말 응원하고, 칭찬할 부분이죠. 다만 우리나라 독립 영화감독에게는 그마저도 쉽지 않은 상황이라는 게 문제라는 겁니다.

독립 영화감독은 독립 영화판에서 버티는 것조차 힘든 상황이에요. 독립 영화는 들어가는 예산이 상대적으로 적은 데도, 그 돈조차 마련하기가 쉽지 않거든요. 그들이 독립 영화를 계속 제작할 수 있게 지원해 주거나, 상업 영화로 넘어올 수 있게 기회를 마련해 줘야 하는데…. 저는 개인적으로 독립 영화감독들에게 어떻게 도움을 줄 수 있을지에 대한 고민을 정말 많이 하고, 나름대로 열심히 노력 중이에요. 상업 영화판으로 넘어가고 싶어 하는 이들에겐 넘어갈 기회를, 독립 영화판에서 계속 그 길을 가고 싶어 하는 이들에겐 투자받을 기회를 만들어 주려고요. 그런데, 가진 게 워낙 없다 보니 노력만큼 잘되지 않아요. 그럼에도 계속 노력할 겁니다. 이런 식으로나마 독립 영화판의 현실에 대해 자꾸 이야기하고, 독립 영화들을 소개하고, 관심을 촉구하면서요.

저는 항상 10퍼센트 이야기를 하고 다녀요. "더도 말고 열 번에 한 번만이라도 다큐멘터리 영화나 독립 영화를 챙겨 봐 주고, 비평에 포함해 주자."라고요. 이 책을 읽으시는 분들도 비주류로 여겨지는 영화들에 10퍼센트만이라도 관심을 주시면 좋겠어요.

라이너 전찬일 선생님께서는 독립 영화감독 중 성공적으로 상업 영화판에 넘어온 사례를 갖다 대기 어렵다고 하셨는데, 저는 그 사례를 들 수 있어요. 이충현 감독이나 정가영 감독 같은 사례가 있죠.

저도 독립 영화감독에게 지원이 부족하다는 선생님 말씀에 매우 공감해요. 정가영 감독의 <*연애 빠진 로맨스*2021>가 상업적으로 꽤 인기를 끌었잖아요? 그런데 사실 그 작품은 정가영 감독이 이전에 만든 <*밤치기*2017>나 <*비치온더비치*2016> 같은 영화와 큰 차이가 없어요. 이게 무슨 의미냐면, 독립 영화판에도 이미 상업적으로 통하는 이야기를 만들어 내고 있는, 또는 만들어 낼 수 있는 감독이 있다는 거예요. 그런 감독들이 충분히 지원

받을 수 있으면 참 좋을 텐데, 그게 어렵죠. 주변을 보면, 너무 힘들게 영화 하시는 분들이 많습니다. 정말 가슴이 아파요.

전찬일 이 기회에 우리가 독립 영화감독들과 작품들을 소개해 주면 좋을 것 같습니다. 저는 가장 먼저 고봉수 감독을 소개하고 싶어요.

전찬일 선생님께서 카메오로 출연하신 〈습도 다소 높음 2020〉을 만드신 분이죠?

전찬일 맞아요. 고봉수 감독은 오년 만에 장편 영화를 열 편 이상 만들어 낸 실력자예요. 저는 이 감독만큼 재능 있는 사람이 없다고 생각합니다. 대개 돈이 없으면 영화를 못 만든다고들 하잖아요? 맞는 말이에요. 돈이 없으면 정말 쉽지 않죠. 그런데 고 감독은 돈에 맞춰 영화를 만들어 내는 사람이에요. 심지어는 이백만 원 가량의 예산으로도 영화를 만듭니다. 스마트폰으로 촬영하기도 하면서. 그런데도 수준이 결코 낮지 않고, 작품 안에 **페이소스** Pathos*가 있어요. 정말이지, 다른 사람은 만들어 낼 수 없는 걸 만들어 내는 감독이에요. 일억 들여서 만들 영화를 오천만 원, 삼천만 원에 만든다니까. 그 정도면 보통 단편 영화 하나 겨우겨우 찍을 수 있는 예산인데 말이에요.

물론, 그게 가능한 데는 〈**습도 다소 높음**〉에 출연한 이희준 배우 같은 사람의 덕도 있어요. 이희준 배우는 상당 정도 이름이 알려져 개런티가 꽤 되는데도, 고 감독 영화에는 기꺼이 출연료를

---

* 그리스어로는 파토스(πάθος). 직역하면 '감성'이라는 뜻이지만, 보통 관객이나 독자에게 호소할 수 있는 감정의 끌림을 뜻하는 말로 쓰인다.

받지 않고 출연하겠다는 큰 결심을 해 줬거든요. 고봉수 감독에 대한 특별한 인정이 아니면 불가능한 일이죠. 제가 아까 '10퍼센트'를 이야기했는데, 스타들도 이렇게 열 번에 한 번 정도는 '이름은 알려지지 않았지만 좋은 영화를 만드는' 제작자들에게 의식적으로 힘을 실어 주면 좋겠어요.

이야기가 잠깐 샛길로 빠졌는데, 다시 감독 소개로 돌아가 볼게요. 제가 또 소개하고 싶은 독립 영화감독은 **<낮과 달**2021>을 만든 이영아 감독과 **<가시꽃**2012>을 만든 이돈구 감독이에요. 이돈구 감독의 **<가시꽃>**은 초저예산으로 만들었음에도 **부산국제영화제 뉴 커런츠 부문***에 이어 **베를린국제영화제 파노라마 부문****에까지 진출하기도 했습니다. 여운이 강렬하게 남는 영화들이니 꼭 보시길 추천해요.

독립 영화 이야기에 김태식 감독도 빼놓을 수 없죠. 김태식 감독은 나이가 많아요. 1959년생이에요. 독립 영화판에서 이십 년 이상 버텨내며 최근까지도 꾸준히 영화를 만들어 내고 있는 감독입니다. 2022년에는 인도네시아, 말레이시아 감독들과 합작으로 **<룩 앤미 터치미 키스미**2022>라는 옴니버스 영화를 만들어 부산국제영화제에 초청받기도 했어요. 정말 독립 영화판의 투사 같은 존재입니다.

정말 많은 분들을 소개해 주시네요! 선생님의 관심과 열의가 느껴지는 것 같습니다.

---

* 부산국제영화제에서 아시아 영화의 미래를 이끌 신예 감독의 첫 번째 또는 두 번째 장편을 소개하는 경쟁 부문.

** 베를린국제영화제에서 경쟁 부문엔 들지 못했지만 뛰어난 작품을 소개하는 비경쟁 부문. 후에 유명세를 얻게 되는 감독의 데뷔작이 이 부문에 소개되는 경우가 많다.

전찬일   저는 이런 감독들의 미래가 한국 영화의 미래와 연관된다고 생각하고, 평론가로서 이들이 계속 버틸 수 있는 힘을 실어 주기 위해 노력해요. 그래서 자꾸 이야기하는 거고요. 한국 독립 영화든, 외국 독립 영화든 그 판이 크기 어려운 건 다 마케팅비가 없기 때문이에요. 영화 하나를 수백 개의 상영관에 걸려면, 수억 대의 마케팅비가 있어야 하거든요. 아무리 돈을 덜 들여서 영화를 만들거나 사 와도 그 영화를 관객 앞에 풀기 위해서는 몇 억이 필요하단 말이에요. 그런데 저예산으로 겨우겨우 영화를 만든 이들에게 그 정도 마케팅비가 있을 리 없죠. 상황이 이렇다 보니, 관객은 그렇게 어렵게 만들어진 영화들이 존재하는지조차 모릅니다. 그렇기 때문에 전 시네필과 평론가들이 '운동으로서의 독립 영화 보기'에 앞장서야 한다고 생각하고, 그렇게 하자고 꾸준히 목소리를 높여요. 우리가 계속 찾아보고, 소개해야 관객도 그 존재를 알게 되고, 관심을 가질 테니까요.

제가 이런 사명감을 가지고 있다 보니 매불쇼에서도 자꾸 이런 영화들을 소개하게 되는데, 어떤 사람들은 그러더라고요. "재미도 없는 영화를 왜 소개하냐. 청취자를 희생시키는 거냐." 여기서 말씀드리죠. 청취자를 희생시키려고 그러는 게 아녜요. 기대하고, 바라며 그렇게 하는 겁니다. 그렇게 함으로써 그 영화들을 찾아가서 보는 사람이 한 사람이라도 늘기를요.

라이너   추천하고 싶은 독립 영화는 정말 많은데, 당장 생각나는 작품은 <*파수꾼*2010>이에요. 독립 영화계에서는 블록버스터 같은 작품이죠. 이 작품에는 지금 한국 영화계에서 젊은 남자 배우를 대표하는 얼굴이 된 두 배우가 나옵니다. 이제훈 배우와 박정민 배우죠. 이 두 사람이 주연으로 나오는 작품이에요. 별 이야기가 아닌 것 같은데도 정말 강렬한 작품이기 때문에 추천하고 싶어요. 두 배우의 풋풋한 모습을 보는 재미도 있을 거예요.

그리고 *<죄 많은 소녀2017>*라는 작품도 추천하겠습니다. 꾸준히 독립 영화에 출연하던 전여빈 배우를 스타로 만든 작품인데요. 상당히 무거운 주제를 다뤘어요. 무겁고 보기 어려운 영화일 수 있지만, 그만큼 깊은 울림을 주기 때문에 추천하고 싶어요. 이외에도 좋은 작품이 정말 많은데…. 선생님, *<벌새2018>*를 독립 영화라고 할 수 있을까요?

전찬일   굉장히 성공한 작품이긴 한데, 독립 영화는 맞지.

라이너   그럼 김보라 감독의 *<벌새>*도 추천할게요. 이미 많이 알려진 영화라 얘기할 게 없긴 하지만, 독립 영화라는 카테고리를 떠나 예술 영화로서도 정말 잘 만든 작품이기 때문에 혹시라도 못 보신 분들은 꼭 보셨으면 하는 마음으로 추천하고 넘어가겠습니다.

애니메이션

수요를 따라가지 못하는
산업적 구조

이번에는 극장판 애니메이션을 포함한 애니메이션 영화에 관해 이야기를 나눠 볼까 하는데, 가장 먼저 이 질문을 드리고 싶습니다. 한국 애니메이션 영화 중에서는 왜 흥행작이 나오지 않는 걸까요?

전찬일 한국 애니메이션 영화의 문제가 심각해요. 편집자님이 좋은 질문을 주셨는데, 저는 한국 애니메이션 영화가 현재 어느 정도 수준에 머무르고 있는지를 먼저 설명해 드리고 싶어요.
한국 실사 영화 중에서는 천만 관객을 넘긴 영화가 꽤 많은데, 그중에 애니메이션 영화가 한 편도 없어요. 천만 관객 실사 영화가 스무 편 넘게 나오는 동안, 국내 애니메이션 영화 중엔 그만큼 흥행한 작품이 하나도 나오지 않았다는 거예요. 그나마 흥행한 국내 애니메이션 영화를 굳이 꼽아 보려면 천만이 아닌 백만을 기준으로 봐야 할 텐데, 그마저도 충족시키는 작품이 몇 안 되죠. 이백이십만 관객을 동원한 *<마당을 나온 암탉>2011*과 백만 조금 넘는 관객을 동원한 *<점박이: 한반도의 공룡3D2012>*, 이렇게 두 편이 다예요.

라이너   흥행작은커녕 국내 애니메이션 작품 자체가 많이 나오질 않고 있죠. 영화뿐 아니라, TV 애니메이션 자체도 보기 드물고요. 그 냥, 한국에서 애니메이션을 만든다는 것 자체가 굉장히 어려운 것 같아요.

수요가 적어서 그런 건 아닙니다. 과거부터 애니메이션에 대한 수요는 항상 있어 왔거든요. 그런데도 한국 애니메이션 산업은 크게 성장하지 못했어요. 이유가 뭘까요? 저는 너무 좋은 대체 재가 너무 가까운 곳에 있었기 때문이라고 생각해요. 우리나라 바로 옆에 일본이 있었기 때문이라고요.

일본은 애니메이션 산업이 엄청나게 발달되어 있죠. 만화의 신 이라고 불리는 **데즈카 오사무*** 이후로, **토미노 요시유키****나 **미야 자키 하야오***** 같은 거장들이 정말 대단한 작품을 많이 만들어 냈습니다. 특히 미야자키 하야오의 작품은 세계적으로 인정받 을 만큼 압도적이죠. 우리나라는 진작부터 그런 작품들을 바로 바로 수입해 올 수 있었어요. 이미 잘 만들어 둔 작품을 사 와서 현지화하기가 굉장히 편한 상황이었죠. 비용적인 측면에서도 직 접 만드는 것보다 그편이 더 나았을 거예요. 애니메이션 제작엔 정말 돈이 많이 들거든요.

---

*   일본 애니메이션의 신(神)이라고 불리는 일본의 만화가. 국내엔 〈우주소년 아톰〉으로 알려진 〈철 완 아톰〉이 그의 대표작이다.

**   건담 시리즈를 만든 일본의 애니메이션 감독. 건담 시리즈 이외에도 수많은 로봇 애니메이션의 감 독을 맡았다.

*** 2023년 선보인 〈그대들은 어떻게 살 것인가〉를 비롯해 〈하울의 움직이는 성〉(2004), 〈센과 치히 로의 행방불명〉(2001) 등 세계적으로 인정받는 걸작들을 만들어 냈다.

저는 이러한 환경 때문에 국내 애니메이션이 발전하기 어려웠을 거라고 생각합니다. 그리고 여전히 그런 환경의 영향을 받고 있다고 봐요. 계속 수입에 의존해 왔기 때문에 국내 작품이 발전할 만한 자양분 자체가 없잖아요.

전찬일 한국에서 애니메이션 영화가 발전하려면 관객과 투자자, 제작사의 관심을 환기할 만한 성공 사례가 나와야 해요. 우리나라에서도 애니메이션 산업을 집중적으로 지원했던 때가 있긴 했습니다. 2000년대 초반, 고 김대중 대통령 시절인데요. 그때는 정부가 나서서 극장용 애니메이션 제작을 지원했죠. 그렇게 백이십억이 넘는 제작비를 들여 만든 게 <원더풀 데이즈2003>라는 작품이에요. 제작비가 엄청난 만큼 많은 기대를 받았는데, 수준을 보면 정말 말도 안 되요. 그 많은 제작비가 다 어디로 간 건가 싶을 정도로요. 당연히 흥행에도 실패했죠.

그 작품 이후, 국내 애니메이션 영화에 대한 기대는 물론 지원마저 사그라들었어요. 그런 흐름에도 불구하고 애니메이션 업계 사람들은 꾸준히 늘고 있고, 그 안에 정말 뛰어난 기술자들이 많아요. 하지만 다들 하청받은 일을 하느라 바쁘죠. 우리나라의 뛰어난 애니메이션 기술자들이 미국이나 일본 쪽 하청을 정말 많이 받거든요.

왜 창작을 하지 않고, 하청을 받을까요?

전찬일 그게 더 돈이 되니까 그렇습니다. 그러니까, 기술자는 많은데 크리에이터, 아티스트는 적다는 거예요. 저는 우리나라도 정말 좋은 애니메이션 영화를 만들 수 있다고 생각해요. 작정하고 이 산업을 발전시키기 위한 프로젝트를 만들어서 이미 세계적으로 실력을 인정받은 우리나라의 애니메이터들과 기획자들이 협력하면 우리도 못 할 게 없어요.

그런데, 그 협력이라는 게 참 어려운 것 같아요. 제가 그쪽 업계 사람들에게 이런 말을 정말 많이 하는데, 다들 이론적으로는 동의하면서도 실행할 엄두는 쉽사리 못 내더라고요. 실사 영화 쪽엔 서로 힘을 합치고, 힘을 실어주는 분위기가 어느 정도 조성되어 있는데, 애니메이션 쪽은 각자도생인 것 같아요. 그게 정말 안타깝습니다. 요즈음 봉준호 감독이 애니메이션을 준비하고 있다는데, 그 작품이 성공 사례가 되어 주길 마냥 기다려야 할는지… 몇 년이 걸릴지 모르는데, 그 작품이 나오기 전에 다른 가능성을 좀 만들어 내면 좋겠어요. 제가 개인적으로 그 기회를 만들기 위해 몇 년째 여러 방면으로 노력하고 있는데요. 영 쉽지가 않습니다. 그래서 힘이 좀 빠진 상태예요.

라이너 한국 애니메이션 업계는 문제가 심각하죠. 저도 참 안타깝게 생각해요. *<마당을 나온 암탉>*의 오성윤 감독과 이춘백 감독이 차기작으로 만든 작품이 있어요. *<언더독*2018>이라는 작품인데요, 제가 그 작품을 보고 이렇게 비판한 적이 있습니다. 우리나라 성우들 실력이 세계 최고인데, 왜 아이돌을 성우로 쓰냐고요. 그런데 얼마 뒤에 제작사 쪽에서 연락이 왔어요. 아이돌이라도 쓰지 않으면, 보러 오질 않는다고 하시더라고요. 그 얘기를 듣고 '아, 내가 이런 부분을 고려하지 않고 말을 뱉었구나.'라는 생각이 들었어요.

선생님도 말씀하셨듯, 우리나라 애니메이터의 수준은 세계적입니다. 전 세계적으로 흥행한 *<극장판 주술회전 0 2021>*라는 작품 있잖아요. 그 작품 감독이 한국 애니메이터예요.* 디즈니나 픽사에서 활약 중인 한국 애니메이터들도 정말 많죠. 그런데도 한국 애니메이션이 잘 안 된다는 건 굉장히 슬픈 일이에요.

그런데 우리나라는 애니메이터의 실력만 준비되어 있는 게 아니라, 애니메이션으로 만들 만한 이야기도 많이 가지고 있어요. 전통 설화라든지 민담도 있고, 웹툰도 있잖아요. 대한민국의 웹툰 시장은 이미 세계적인 수준이에요. 일본이 아직까진 만화 시장에선 탑이라 해도, 웹툰 시장에서는 우리나라가 어느 곳과도 비교하기 어려울 정도로 빠른 성장을 보이고 있습니다. 하지만, 그 웹툰은 대부분 실사화로만 활용되지, 애니메이션화를 하는 일은 드물죠. '갓 오브 하이스쿨**' 처럼 네이버 인기 웹툰이 애니화된 사례가 있긴 합니다. 하지만 그건 네이버가 웹툰으로 일본 시장을 공략하기 위해 만든 거예요. 일본에서 성공하려면 애니메이션 없이는 안 되니까, 일본 제작사에 맡겨 마케팅 목적으로 만든 거죠.

인기 웹툰을 원작으로 한 애니메이션 영화도 없는 건 아니죠. 〈기기괴괴 성형수 2020〉가 있잖아요. 무섭기도 했지만, 다른 한편으로는 흥미롭기도 했죠. 사회에 대한 풍자도 괜찮았고요. 그런데 그 작품은 인기 웹툰을 원작으로 한 작품인데도 본 사람이 별로 없는 것 같아요. 두 분은 보셨나요?

---

* 이 작품을 감독한 박성후는 후술할 <갓 오브 하이스쿨> 애니메이션에서도 감독을 맡았다.
** 박용제 작가의 판타지 웹툰. 네이버 웹툰의 대표 히트작으로, 2011년부터 2022년까지 연재되었다.

라이너 　네, 봤습니다. **<기기괴괴 성형수>**는 상당히 잘 만든 애니메이션이에요. 아쉬운 부분이 있긴 하지만, 기대 이상으로 뛰어난 부분도 많이 보였어요. 원작이 워낙 좋았던 덕도 있겠죠.

<기기괴괴 성형수>처럼, 성인 관객을 타깃으로 만든 국내 애니메이션 영화가 또 있어요. **<클라이밍**2020>이라는 작품인데요, 그 작품도 상당히 괜찮습니다. 그런데 두 작품 모두 좋은 점이 상당히 많았음에도 불구하고 제가 이 작품들을 보고 느낀 가장 큰 감정은 안타까움이었어요. 영화를 보는 내내 제작비의 압박이 너무 절실히 느껴졌거든요.

저는 〈기기괴괴 성형수〉를 현대적으로 잘 만든 애니메이션이라 생각했었거든요. 그래도 다시 생각해보니 인물의 행동과 잘 어울리지 않아 어색한 사물들의 모습 같은 게 떠오르긴 합니다. 선생님은 어떤 점에서 그런 게 느껴지셨나요?

라이너 　제가 그렇게 느낄 수밖에 없던 이유는 두 작품 모두 3D 카툰 렌더링 방식으로 만들어졌기 때문일 거예요. 카툰 렌더링 방식은 게임에서 많이 사용하는 방식인데, 비교적 제작비가 적게 듭니다. 그 대신 기술적인 한계와 단점이 명확하죠. 표정이나 행동이 부자연스럽게 묘사되고, 디테일한 동작 묘사도 어려워요. 인물이 말할 때나 음식을 먹을 때, 그런 한계가 드러나 버리니까 보는 내내 안타깝더라고요. 그나마 둘 다 기괴한 분위기의 작품이라 그런 부자연스러움이 어느 정도 어울리긴 했지만, 아마 공포나 스릴러가 아닌 다른 장르의 애니메이션이었다면 정말 보기 힘들었을 거예요.

애니메이션 영화가 실사 영화보다 제작비가 많이 드나요? 〈기기괴괴 성형수〉는 인기 웹툰인데도 제작비를 많이 투자받지 못 했던 걸까요?

라이너 애니메이션에서는 돈이 곧 퀄리티와 직결돼요. 애니메이션은 제작 단가가 정말 높습니다. 우리가 흔히 '애니메이션 영화' 하면 떠올리는 **일루미네이션***이나 디즈니의 영화는 제작비가 천 억이 넘어요. 퀄리티가 좋은 작품을 만드는 데는 돈이 어마어마하게 듭니다. 그런데 계산기를 두들겨 보면 그렇게 큰돈을 들여 만든 극장용 애니메이션은 무조건 해외에 수출해야 이득이 남아요. 국내 시장만으로는 본전도 회수하기 어렵죠. 그렇기 때문에 큰 자본은 해외에서도 통할 것 같은, 어른과 어린이에게 모두 통할 이야기에나 투입됩니다. 하지만 〈*기기괴괴 성형수*〉는 그런 것과는 거리가 멀잖아요? 결국 큰 자본은 〈*레드슈즈*2019〉 같은 작품으로 가고 〈*기기괴괴 성형수*〉 같은 작품은 카툰 렌더링 방식을 쓸 수밖에 없게 되는 거죠. 자본의 문제로 그 악순환이 계속 반복되고요.

전찬일 라이너가 언급한 대로, 애니메이션 영화가 성공을 거두려면 성인과 아동을 다 공략해야 해요. 〈*마당을 나온 암탉*〉이 비교적 좋은 반응을 얻었던 것도, 〈*겨울 왕국*〉이 2편까지 계속 천만 관객을 넘긴 것도 성인과 아동에게 모두 통하는 이야기였기 때문이에요. 〈*기기괴괴 성형수*〉나 〈*클라이밍*〉은 성인 중 소수의 관심 있는 사람만 가서 볼 만한 작품이니 자본이 투입되기가 어렵죠.

---

* 미국의 애니메이션 제작사. 〈슈퍼배드〉, 〈미니언즈〉 등을 제작했다.

두 분 이야기를 들어 보니, 한국 애니메이션 영화 가운데 흥행작이 나오길 기대하기가 어렵겠다 싶어요. 그래도 기대해 볼 만한 여지가 있긴 한 걸까요?

전찬일 상황이 이렇게 열악한데도, 국내 애니메이션 영화를 만들고자 하는 노력이 계속되고 있어요. 오성윤 감독이나 이성강 감독, 안재훈 감독 같은 이들이 애쓰고 있죠. 저는 이런 이들을 주축으로 우리나라의 재원들이 잘만 뭉쳐 준다면, 한국 실사 영화사에서 <쉬리>가 어떤 결정적 계기가 되어줬듯 애니메이션 영화사에도 계기가 될 만한 작품이 나올 수 있을 거라고 믿습니다.

라이너 이게 지금 산업적인 구조로도 극복하기 어려운 상황이다 보니 모두가 인정할 만한 한 명의 천재가 강한 의지를 갖고 "한국 영화계를 위해 내 재능을 쇄신하겠다. 내 한 몸 바치겠다!" 하지 않는 이상은 뭉치기 어려울 것 같아요.

전찬일 그래도 전 포기하지 않을 겁니다. 봉준호 감독의 애니메이션이 나오기를 기다리며, 꾸준히 그 업계 사람들을 규합시키려고 노력할 거예요. 좋은 기획이 생기면 힘을 모으는 것도 가능하지 않을까요? 시간이 좀 걸리긴 할지라도, 계속 주변 사람들을 설득하면서 노력해 보겠습니다.

라이너 선생님께서 잠깐 언급하셨던 <레드 슈즈> 이야기도 해 보고 싶어요. 디즈니 애니메이션 영화 같아서 개봉 전부터 정말 많은 기대를 샀던 작품이고, 영상 퀄리티도 좋았는데, 막상 개봉 이후에는 이렇다 할 반응을 얻지 못한 것 같아요. 왜 그런 걸까요?

라이너   <레드 슈즈>는 제작비가 꽤 컸잖아요? 이백이십 억이라고 하죠.

전찬일   그렇게나 많이 들었대요?

라이너   네. 그런데 제가 좀 전에 말했듯이 이렇게 큰 금액도 애니메이션 업계에서는 사실 정말 적은 금액이에요. <레드 슈즈>는 정말 적은 금액을 가지고 높은 수준의 퀄리티로 뽑아낸 작품입니다. 디즈니에서 일하던 분들이 만든 작품이다 보니, 상당히 디즈니스럽기도 하고 내용 자체도 나름 재미있어요.

그래도 아쉬운 점은 있습니다. 일단, 외모지상주의에 대해 말하고 싶은 바를 제대로 전달하지 못한 것 같다는 점이 아쉬웠고요. 그보다 더 아쉬웠던 건 음악이에요. 애니메이션 퀄리티에 비해 음악이 너무 약하거든요. 정말 '어떻게 이렇게까지 촌스럽게 만들었지?' 싶을 정도라니까요.

전찬일   그 정도라니 심각하네. 음악이 그렇게 나온 이유는 뭘까요?

라이너   제가 짐작하기로는 협업이 잘 안 된 것 같아요. **마스터링**Mastering* 이 잘 안 돼 있어서 곡 자체가 허접하게 느껴지거든요.

디즈니 애니메이션을 보면, 음악이 빠지지 않죠. 그런데 디즈니의 음악은 완전히 그 애니메이션 속 장면들을 위해 만들어졌다

---

*   음향에서 녹음, 믹스를 거친 다음 최종 음원이 되기 전에 볼륨을 조정하는 일.

는 게 느껴집니다. <*겨울 왕국*>의 'Let it go'처럼요. 그 곡은 주인공인 엘사의 심리를 드러내기 위해 사용한 곡이잖아요. 엘사의 해방된 감정을 표현하기 위해서요. 하지만 <*레드 슈즈*>는 그런 부분이 너무 약해요. 그냥 진짜 90년대 한국 애니메이션에서 나올 법한 음악, 딱 그 정도 수준입니다.

<*레드 슈즈*>가 흥행하지 못한 이유는 간단하다고 생각해요. 대체재가 너무 강력하니까 굳이 그 작품을 볼 이유가 없는 거예요. 디즈니와 픽사에서 매년 애니메이션을 내잖아요? 그 중엔 흥행 성적이 저조한 작품도 많아요. <*메이의 새빨간 비밀*2022>이라든지, <*라야와 마지막 드래곤*2021> 같은. 하지만 사람들에게 "<*레드 슈즈*> 볼래, 그거(디즈니나 픽사에서 만든, 흥행도가 떨어지는 작품) 볼래?" 하고 물어보면 누구나 후자를 택할 거예요.

그건 어쩔 수 없는 퀄리티 차이죠. 제작비가 열 배 이상 차이가 나는데 어쩌겠어요. 이게 참, 실사 영화랑은 다른 것 같아요. 할리우드에 진짜 뛰어난 영화들이 있어도, 사람들은 한국 영화를 보잖아요. 한국 영화가 그동안 성장하면서 가지게 된 한국 영화만의 능력이 있기 때문이겠죠. 한국 영화만의 서사나 정서 같은 거요. 또, 익숙한 우리나라 스타들을 보는 재미도 있을 테고요. 그런데, 애니메이션엔 그게 없는 거죠. 한국 애니메이션만의 어떤 게 없는 거예요.

전찬일 맞아요. 그게 참 어려워. 그 '한국 애니메이션만의 어떤 것'을 못 만들어 내는 이유가 뭘까? 그걸 어떻게 풀어 나가면 좋을까? 제가 이 고민을 정말 오래전부터 하고 있는데, 답이 참 안 보여요.

라이너 저도 비슷한 고민을 계속해 왔는데, 제 생각은 이래요. 일단, 그
이유라 하면 아무래도 토양이 없기 때문이겠죠. 선생님과 제가
계속 얘기했듯, 우리나라 애니메이터의 역량은 정말 충분하잖
아요. 그런데도 우리나라 애니메이션을 만들었을 때 흥행하리란
보장이 없죠. TV 애니메이션이든 극장 애니메이션이든 우리나
라 작품은 봐 주질 않으니까요.

우리나라 애니메이션은 성장할 기회를 얻지 못했어요. *<원더풀
데이즈>*처럼, 재정적인 지원이 뒷받침된다 해도 뭐가 나오진 않
을 것 같아요. 마른 땅에 씨 뿌리는 꼴이 되겠죠.

계속 부정적인 얘기만 나오고 있는데요. 이쯤에서 희망적인 얘기도
부탁드리겠습니다.

라이너 저는 이 문제를 웹툰 쪽에서 풀 수 있을 거라고 생각해요. 앞서
언급했듯 웹툰을 애니메이션으로 만드는 작업은 이미 진행된 바
가 있잖아요? 그런 식으로 웹툰을 토대 삼아 단계적으로 올라
가는 게 가장 해결 가능성이 높다고 봅니다. 애니메이션 드라마
에 익숙해지면 극장판 애니메이션이 나왔을 때 영화관에 가서
애니메이션을 보는 게 자연스러워질 텐데, 그런 게 정착이 되었
을 때 씨를 뿌려야 한다는 거죠. 그리고 '어떤 웹툰을 그 토대로
삼는 게 좋을까?' 하면, 크게 두 트랙으로 꼽아볼 수 있을 것 같
아요.

하나는 흥행을 위한 선택인데요. **박태준 유니버스*** 작품들을 애
니메이션으로 만드는 거죠. 박태준 작가가 '너무 상업적'이라는

---

* 박태준 작가가 제작한 남성향 웹툰 세계관. 박태준 만화회사는 '외모지상주의', '인생존망', '싸움
독학'을 중심으로 세계관을 공유하는 작품을 계속해서 만들고 있다.

비판을 많이 받긴 하지만, 우리나라 웹툰계에서는 단연 압도적인 인물이잖아요. 박태준 만화회사에서 연재하는 작품은 업데이트되는 요일마다 연재 플랫폼에서 1, 2위를 차지해요. 지금 넷플릭스에서 박태준 작가가 네이버에서 연재했던 '**외모지상주의**'* 를 8부작 애니메이션으로 볼 수 있는데, 저는 그 작품이 극장판으로 만들어지면 무조건 삼백만 관객은 돌파할 거라고 봅니다. 만화에서 봤던 내용 중 주요 에피소드를 극장판으로 만드는 거죠. 박태준 유니버스의 팬층이 있기 때문에, 그 팬들은 안 보고 버틸 수가 없을 거예요.

전찬일 그거 굉장히 좋은 기획이네요. '슬램덩크' 만화 세대가 <더 퍼스트 슬램덩크>에 열광했듯, 박태준 작가 만화를 즐겨 봤던 사람들이 정말 많이 가서 보겠어요.

라이너 그렇죠. 박태준 유니버스 작품들은 지금 십대들에게 엄청난 인기를 얻고 있으니까요. 그리고 또 다른 트랙으로 간다면, 강도하 작가님 같은 분의 작품을 애니메이션화하거나 그분을 감독 혹은 자문으로 해서 애니메이션을 만드는 게 방법일 거라 생각합니다. 애니메이션의 매력은 실사 영화가 따라갈 수 없는, 현실을 넘어서는 초현실적인 표현들이 가능하다는 점이잖아요. 그런 걸 참 잘하는 웹툰 작가들이 이미 있단 말이죠. 개인적으론 그중에서 강도하 작가님을 꼽은 거고요. 강도하 작가님의 '위대한 캣츠비'나 '발광하는 현대사' 같은 작품은 극장용 애니메이션으로 나와야 한다고 오래전부터 생각했거든요.

---

*   박태준 유니버스의 첫 번째 작품. 네이버 웹툰에서 누적 조회수로 상위권을 차지하고 있는 작품으로, 2014년부터 현재까지 연재되고 있다.

저는 이렇게 두 개의 트랙으로 가면, 한국 애니메이션에도 희망이 있다고 봅니다.

전찬일 이야, 정말 구체적이고 좋은 아이디어예요. 그렇게 한국 애니메이션만의 확실한 차별성을 통해 경쟁력을 확보한다면 정말 가능성이 있겠어요. 정말 대단해요, 라이너. 저는 봉준호 감독 같은 실사 영화계의 스타 감독을 동원하는 방법 정도만 떠올렸지, 그렇게 웹툰 스타들을 동원하는 방법은 생각을 못 했거든요. 그런 방법으로, 성공적인 사례가 한두 편만 나와 준다면, 정말 판세가 확 달라질 거예요.

우리나라에 <쉬리>가 나왔을 때를 생각해 보면요. <쉬리>는 조금 서툰 점이 있었는데도 큰 성공을 거뒀고, 한국 영화에 대한 인식을 확 바꿔버렸잖아요. 그런데 한국 애니메이션은 이미 세계적인 수준을 갖춘 상태니까, 흥행성을 갖춘 작품만 한두 편 만들어 낸다면 사람들 인식에 큰 영향을 미칠 거예요.

잠깐 〈더 퍼스트 슬램덩크〉 이야기가 나왔었는데요. 이 작품이 엄청난 열풍을 일으켰잖아요. 그 열풍이 단지 만화 『슬램덩크』의 추억의 힘만으로 불었던 바람이라고 생각하시나요? 아니면 작품 자체에도 힘이 있기 때문에 가능했던 것이라 보시나요? 두 분도 극장에서 보셨던 걸로 아는데, 어떻게 보셨나요?

전찬일 보긴 봤는데, 저는 딱히 할 말이 없어요. 책에 이렇게 써 주세요. 이 이야기를 나눌 때 전찬일 평론가는 잠시 나가 있었다고.

라이너　(웃음) 저는 그 열풍 덕을 정말 많이 봤어요. **<더 퍼스트 슬램덩크>** 때문에 방송을 몇 개나 했는지 모르겠어요. 인터뷰 요청도 정말 많이 받았고요. 어떤 작품 때문에 이렇게까지 폭발적으로 섭외를 많이 받는 건 처음 있는 일이었는데, 아무래도 제가 딱 『슬램덩크』 세대라서 그랬던 것 같아요. 그 작품에 대해 저처럼 신나서 이야기 해 줄 사람이 워낙 드물다 보니까.

작품 이야기를 해 보자면, 정말 특별한 작품이죠. 비단 **<더 퍼스트 슬램덩크>**뿐 아니라, 『슬램덩크』라는 만화 자체가 정말 특별해요. 『슬램덩크』의 작가인 이노우에 타케히코는 일본 만화 역사상 세 손가락 안에 꼽히는 작가예요. 데즈카 오사무, 토리야마 아키라* 다음으로 꼽히는 작가니까, 정말 대단한 작가라고 할 수 있죠. 이노우에 타케히코의 스토리텔링 능력과 연출력은 정말 엄청납니다. 『슬램덩크』가 인기 있는 것도, 결국 캐릭터들이 굉장히 개성 있고 이야기에 흡인력이 있어 보다 보면 계속 빠져들기 때문이에요. 제가 이번에 다시 만화책을 찾아봤는데요, 다시 봐도 전혀 촌스럽지가 않아요. 1990년대 작품인데도, 여전히 멋지고 재미있습니다. 그러니까 지금 출판 업계에서도 난리가 난 거죠. 서점에 가 보면, 『슬램덩크』 오리지널판, 신장재편판, 특별판이 다 베스트셀러잖아요. 그게 다 이노우에 타케히코가 워낙 탁월한 작가이기 때문이에요. 그림도 그렇지만, 내용도 참 현실적이에요. 180cm대 신장의 선수들이 덩크 슛을 해 내는, 그런 점프력 같은 건 좀 과장되어 있지만 선수들의 실력 자체가 과장되어 있진 않거든요. 고등학생 선수들의 한계, 각자의 약점 같은 게

---

*　『닥터 슬럼프』와 『드래곤볼』을 그린 만화가. 게임원화가로도 활동하여 드래곤퀘스트 시리즈의 캐릭터와 몬스터를 디자인했다.

분명하고, 그런 걸 갖고 있는 선수들이 모여 열심히 해 내는 과정을 보여줌으로써 사람들의 가슴을 흔들죠. 제가 이 작가가 얼마나 연출을 잘하는 사람인지 깨달은 건 『베가본드』*라는 작품을 봤을 때였어요. 그 작품 속에는 대결을 하기 위해 만난 두 인물이 몸싸움은커녕 미동조차 하지 않고 대화만 주고받는 에피소드가 나오는데요. 수십 장에 걸쳐 심리묘사만 나오는데도 전혀 지루함이 없고 긴장감이 내내 이어져요. 이노우에 타케히코가 연출의 대가이기에 가능한 일이죠. 당연히 『슬램덩크』에서도 그런 연출력이 돋보입니다.

또, 이 작가의 작품을 보면 작가가 멋을 아는 사람이라는 게 느껴져요. <더 퍼스트 슬램덩크>에서 마지막 숏을, 덩크숏이 아닌 강백호가 이만 번 연습한, 평범한 점프숏으로 처리한다는 점만 봐도, 정말 멋있지 않습니까? 저는 이 열풍이 꼭 추억의 힘 때문만은 아니라고 봅니다. 워낙에 좋은 작품이기 때문에 이런 바람이 부는 거예요. 그리고 한 가지 더 이야기하자면, 저는 이 열풍이 문화적인 세대교체가 이뤄지고 있다는 걸 보여 주는 사례인 것 같아요.

전찬일   그건 동감해요. 확실히 그래. 정말 세대 차이를 절감하지 않을 수 없더라고요. 저는 의무적으로 보긴 했지만, 즐기기가 어려웠거든요.

라이너   이제는 삼십대, 사십대 소비자가 가장 왕성하게 경제 활동을 하면서 소비하는 세대가 되었잖아요. 그러니까, 이 세대가 어렸을 땐

---

*   요시카와 에이지의 소설 『미야모토 무사시』를 원작으로 한 시대극 만화. 개성 있는 캐릭터와 탁월한 심리 묘사로 많은 이들에게 '명작'으로 평가받는 작품이다.

『슬램덩크』 만화책이 나와도 돈이 없으니까 반에서 다 같이 돌려 보고 그랬단 말이에요. 한 권 한 권 아껴 가면서요. 그랬던 작품이 기 때문에 더 소중하게 느껴졌고요. 그런 작품이 '이제는 돈이 있는' 지금 딱 나와주니까 n회차 관람을 해 가며 소비해 줄 수밖에 없죠. 정말 '추억팔이'의 좋은 예시인 것 같아요.

전찬일 <더 퍼스트 슬램덩크>는 정말이지, 특별한 성공을 이룬 거예요. 물론 오백만 관객을 넘긴 건 아니지만, 극장용 애니메이션이 이렇게 열광적인 반응을 얻은 건 정말 오랜만이거든요. 이렇게까지 난리가 날 줄은 몰랐기 때문에 저는 개인적으로 굉장히 충격을 받았어요. 그리고 이 열풍에 공감은 못 해도, 참 배울 게 많은 사례라고 생각합니다.

저는 한국 영화가 이렇게 특별한 호응을 받는 콘텐츠들은 좀 벤치 마킹해야 한다고 생각해요. 똑같이 흉내 내라는 게 아니라, 이런 성공 사례를 어떻게 활용할지 고민을 해 보면 좋겠다는 거예요.

요즘 나오는 한국 영화를 보면, 너무들 비슷하잖아요. 마치 정해진 것처럼, 늘 해 오던 것들만 반복하고 있는 것 같아요. 액션을 강박적으로 어디에나 집어넣는다든지 하는 것들이요. 이제는 그런 기존 방식에서 벗어나서, 특별한 성공을 이룰 만한 콘텐츠를 만들어 내면 좋겠습니다.

라이너 업계에서 슬램덩크를 벤치마킹한답시고, '옛날 작품을 가져다 다시 만들면 되겠다!'라는 생각을 하진 않겠죠? 그러면 안 될 텐데요.

왜 그렇게 생각하세요?

라이너 『슬램덩크』처럼, 지금 애니메이션 영화를 소비해 줄 이들이 추억하는 옛날 국내 작품 중엔 다시 부활시킬 만한 작품이 없으니까요. 우리나라에도 훌륭한 만화 작가, 애니메이션 작가들이 있긴 했어요. 그런데 서울문화사나 학산문화사의 잡지 만화 세대로 들어서면서 훌륭한 작가들이 많이 사라지게 됐죠.

전찬일 맞아. 과거엔 만화계에도 인문학적·철학적 소양을 갖추고, 정말 깊은 고민을 하며 작품을 만드는 작가들이 있었지. 어느 시점부터는 그냥 유행을 좇고 겉으로만 흉내 내는 작가들이 많아진 것 같지만.

라이너 그 훌륭한 작가들이 사라질 수밖에 없었던 건 당시 일본 만화의 수준이 너무 높았기 때문이에요. 그때 일본은 **루미코 여사**(타카하시 루미코)*나 이노우에 타케히코처럼 문학적인 연출을 해 낼 수 있는 작가들이 쏟아져 나오던 시기였거든요. 한국 만화가 수준 높은 일본 만화에 완전히 잠식당하면서 그런 훌륭한 작가들이 사라진 거죠.
1980년대 후반에 활동했던 일본 작가 중에 아다치 미츠루라는 사람이 있어요. 그 작가의 『터치』나 『H2』 같은 작품은 우리나라 문학가들에게 지금까지도 회자됩니다. 그걸 보면서 많은 생각을 하고, 감동했기 때문에 지금까지도 영향을 받고 있단 의미죠. 그런 수준의 작품들이 일본에서 쏟아져 나오고 있을 때, 우리나

---

* 소년 만화계의 히트작 제조기로 불리우는 일본의 만화가. 『시끌별 녀석들』, 『란마 1/2』, 『이누야샤』 등의 작품을 만들었다.

라엔 기껏해야 『아기공룡 둘리』뿐이었어요. 그러니까 그때 청소년기를 보냈던 사람들이 '한국 만화'를 떠올리면 '유치한 것'을 떠올릴 수밖에 없죠.

우리에겐 <더 퍼스트 슬램덩크>를 흉내 내고 싶어도, 그럴 만한 작품이 없다는 겁니다. 참 안타까운 일이에요. 그렇기 때문에 벤치마킹을 위해 옛날 한국 애니메이션을 부활시키려고 시도하기보단, <더 퍼스트 슬램덩크>의 기술을 벤치마킹해 요즘 작품에 적용하는 편이 더 나을 것 같다고 생각해요.

전찬일 저도 동의해요. 그런 의미에서 저는 개인적으로 안재훈 감독 작품에 관심을 가지고 지켜보고 있어요. 이 감독은 2011년부터 꾸준히 우리나라의 고전 소설, 가령 「소나기」나 「봄, 봄」, 「운수 좋은 날」 같은 작품을 애니메이션 영화로 옮기는 작업을 해 왔어요. 굉장히 의미 있는 시도였죠. 해외에서도 인정받았고요. 하지만, 오히려 국내에서는 큰 성공을 거두지 못했어요.

사실, 우리나라 고전 소설이 요즘 세대에게 어필하긴 좀 어렵잖아요. 너무 옛날이야기니까요. 근데, 이번에는 구병모 작가의 장편소설 『아가미』를 애니메이션 영화로 만든다더라고요. 저는 이 작품을 몹시 기대하고 있어요.

라이너 좋은 기획이네요. 생각보다 애니메이션 영화 이야기가 길어졌던 것 같은데, 이제 다른 장르 이야기도 해 볼까요?

뮤지컬과 사극

득도 실도 되는
장르적 관습

이번에는 뮤지컬 장르예요. 한국에선 잘 만들어지지 않는다는 점에서 애니메이션 영화와 좀 비슷한 것 같아서 이어 이야기를 나눠 보면 좋을 것 같아요. 유독 한국에선 뮤지컬 영화가 드문 것 같은데, 두 분은 이유가 뭐라고 생각하세요?

전찬일   2022년은 한국 뮤지컬 영화에서 굉장히 중요한 해였어요. 한 해 동안 뮤지컬 영화가 두 편이나 나왔으니까요. 우리나라에서 뮤지컬 영화가 영 없었던 건 아니지만, 편집자님 말대로 정말 드물거든요. 2006년 <*구미호 가족*2006>과 <*삼거리 극장*2006>이 나온 이후로, 꽤 오랜 기간 나오지 않았죠. <**영웅**2022>과 <*인생은 **아름다워***2022>는 스타들을 캐스팅해서 꽤 큰 규모로 만든 뮤지컬 영화인데, 흥행하진 못했어요. <**인생은 아름다워**>가 지금 넷플릭스에선 인기 순위에도 오르고 그러지만, 극장에 걸려 있을 땐 많이 안 봤거든요. <**영웅**>도 삼백만 선은 넘었지만 쌍천만 작품(《해운대》와 《국제시장2014》)을 만든 윤제균 감독 작품이라는 걸 감안하면, 좀 아쉬운 성적을 냈다고 볼 수 있고요.

저는 <영웅>이 정말 아쉬워요. 원작 뮤지컬은 2009년부터 지금까지, 벌써 아홉 번째 시즌이 되도록 장수하며 스테디셀러 뮤지컬로 자리를 잡았잖아요. 티켓 오픈만 됐다 하면, 예매 1순위로 등극하죠. 저는 원작 뮤지컬과 영화를 다 봤는데, 영화 <영웅>이 안중근을 보다 균형 있게 잘 묘사한 것 같다고 느꼈어요. 개인적으로 뮤지컬에서 이토 히로부미를 조금 인간적으로 묘사하는 지점이 보여서 아쉬웠는데, 영화에선 그런 부분을 가차 없이 걷어낸 점도 좋았고요. 뮤지컬에선 이토가 스파이였던 '설희'라는 인물의 정체를 알고도 "일단은 가서 자고, 내일 보자." 하는 식으로 대처하지만, 영화에서는 이토를 뮤지컬에서처럼 인간적으로 흔들리는 식으로 처리하진 않거든요. 각각의 인물을 묘사하는 방식에서 영화가 훨씬 더 마음에 들었어요.

그런데도, 이렇게 뮤지컬과 영화의 인기가 다른 이유가 무엇 때문일까 생각해 보면, 아직까진 뮤지컬과 뮤지컬 영화의 수용에 큰 차이가 있기 때문인 것 같아요. 뮤지컬은 우리나라에서도 대중 예술로 자리를 잡았지만, 뮤지컬 영화는 사람들이 아직 좀 낯설고 어색하게 느끼는 것 같아요. 한국 관객이 뮤지컬 영화를 좀 더 친숙하게 즐기기까지는 시간이 좀 더 필요하지 않을까 싶습니다.

라이너   뮤지컬 영화라고 하면 크게 두 가지로 볼 수 있겠죠. 기존의 뮤지컬 작품을 영화화하는 것과 <인생은 아름다워>처럼 그냥 영화를 뮤지컬화하는 거요. 저는 이 중에 전자가 조금 더 어렵지 않나 싶어요. 선생님은 영화 <영웅>을 상당히 좋게 보셨지만, 저는 그 작품의 완성도가 떨어진다고 생각합니다. 그렇기 때문에 삼백만만 해도 대단한 성공이라고 봐요. 물론 그마저도 애국심 마케팅이나 윤제균 감독표 신파 때문에 가능한 일이었겠지만 그럼에도 우리나라 창작 뮤지컬을 영화로 만들어 그만큼이나 흥행했다는 건 대단한 일이고, 정말 대사건이라고 생각해요.

왜냐하면, 뮤지컬이 원작인 작품을 영화로 만들어 성공한 작품을 꼽아 보면 <레미제라블2012>과 <시카고2002> 이 둘 정도가 다잖아요. 제가 정말 좋아하는 뮤지컬 중에 <렌트>라는 작품이 있는데요. 이 작품도 영화로 만들어진 적이 있어요. 아주 보기 좋게 망했죠. 전 세계적으로 유명한 뮤지컬인데도요. <캣츠>는 더하죠. 정말 이루 말할 수 없을 정도로 처참하게 망했으니까. <레미제라블>을 만든 감독(톰 후퍼)이 전작의 노하우를 가지고 만든 건데도, 결과물을 보면 정말 괴기하기 짝이 없다니까요. 그만큼 뮤지컬 무대에서 좋았던 것들을 영화로 가져오는 게 쉽지 않다는 거겠죠.

뮤지컬을 영화로 만든 작품 중에 <디어 에반 핸슨>이라는 작품도 있거든요? 동명의 원작 뮤지컬은 영국 브로드웨이에서만 볼 수 있는 뮤지컬인데, 무대 장치가 정말 혁신적이어서 세계적으로 화제가 된 작품이에요. 하지만 그런 히트작을 영화화하기 위해 어떤 전략을 이용했냐면, 원작의 뮤지컬 배우를 그대로 영화에 가져다 쓴 거예요. <영웅>에서 정성화 배우를 그대로 캐스팅한 것처럼요. 그런데, 문제가 생겼어요. 그 극의 주인공이 청소년인데, 배우는 이십대 후반이었거든요. 무대 분장을 하고 무대에 섰을 때는 제법 학생처럼 보였는데, 카메라로 담으니까 제 나이처럼 보여 문제가 된 거예요. 제작하면서도 그걸 느꼈는지 나름 보정을 했는데, 만지니까 더 이상해 보여요. 부자연스럽고요. 결국, 그 영화도 망했습니다.

뮤지컬 영화를 잘 만든다는 할리우드에서조차 만들기 쉽지 않은 게 뮤지컬의 영화화인 것 같아요. 글로벌하게 봐도 쉽지 않은 일이라는 거죠. 저는 전찬일 선생님과는 다르게, 우리나라 관객의 뮤지컬 수용도가 굉장히 높다고 생각해요. <*보헤미안 랩소디* 2018>가 나왔을 때, 저는 너무 놀랐어요. 흥행 성적이 '퀸의 나라' 영국의 흥행 성적보다 좋았거든요. 누적 관객 수가 거의 천만 가까이 갔을 거예요.

'퀸이 한 번도 내한하지 않았던 나라*에서, 어떻게 그 정도의 흥행이 가능했을까?' 정말 많이 생각했어요. 당시엔 제가 방송 같은데 나가면 "퀸이 한국에 한 번도 오지 않기 때문에, 내한 공연을 보는 기분을 느끼고 싶었던 사람들이 많이 보는 것 같다." 라고 이야기를 했었는데, 지금 생각해 보면 그런 이유보단 우리나라 사람들이 워낙 이런 것에 대한 수용도가 굉장히 높기 때문이었던 것 같아요. 우리나라엔 전 세계에 유례가 없는 **싱어롱** Sing-A-Long **상영관****이 있잖아요. 저는 이게 우리나라에서만 된다고 생각해요.

<*보헤미안 랩소디*>를 싱어롱 상영관에서 봤는데, 얼마나 놀랐는지 몰라요. 노래가 나오면 관객이 다 같이 따라 부르더라니까요? 저는 우리 민족이 흥이 있는 민족이고, 음악에 대한 수용도가 굉장하다고 봅니다. 음주·가무를 즐기고, 노래에 미쳐 있는 민족

---

* 퀸의 내한공연은 2014년에 이루어졌지만, 홍보 미진으로 널리 알려지지 못했다. 다만, 공연 자체는 크게 호평받았다.

** 영화 속 노래를 따라부르며 영화를 관람할 수 있는 특별 상영관.

이니까요. <레미제라블>이 <아바타2009>만큼의 대작이 아니었음에도 한국에서 흥행한 이유도, <영웅>이 아쉬운 완성도였음에도 삼백만 관객을 동원한 것도 다 우리나라 사람의 수용도가 높았기 때문이라고 봅니다. 그렇기 때문에 뮤지컬 영화의 발전 가능성이 있다고 생각하고요.

영화가 아니라 뮤지컬만 봐도 우리나라가 정말 잘 만들잖아요. 저는 오히려 미국이나 다른 나라보다도 우리나라가 뮤지컬 영화에서만큼은 더 잠재력이 있다고 생각해요. 전찬일 선생님이 여기서도 언급하셨고, 매불쇼에서도 추천하셨던 한국 뮤지컬 영화가 있어요. <삼거리 극장>이라는 작품인데요. 정말 예사롭지 않은 작품입니다. 시대를 앞서간 대단한 작품이죠. 저는 우리나라에 진작부터 그런 시도가 있었다는 점만 봐도, 우리나라 뮤지컬 영화의 미래가 굉장히 밝을 거라 예상할 수 있을 것 같아요.

전찬일 라이너가 뜬금없이 <보헤미안 랩소디>를 예로 들었는데, 음악이 많은 영화나 음악이 좋은 영화와 뮤지컬 영화는 달라요. <보헤미안 랩소디>는 음악 영화지 뮤지컬 영화로 분류할 순 없죠. 저도 한국 사람이 흥이 많고, 음악에 대한 수용도가 높다는 건 공감해요. 노래방 문화만 봐도 이미 입증되었다고 봐야지. 하지만 그것과는 별개로 저는, 워낙 우리나라에서 퀸의 인기가 특별했기 때문에 <보헤미안 랩소디>가 그렇게 흥행한 거라고 봐요. 심지어는 엘튼 존보다도 퀸을 높게 쳐줬었잖아.

라이너 아, 한국에선 유난히 엘튼 존을 낮게 평가하죠.

전찬일 　맞아. 엘튼 존은 거의 최고였는데 말이야. 아무튼, 저는 그런 이유때문에 그 영화가 흥행할 수밖에 없었다고 봐요. 그리고 제가 굳이 라이너의 예시를 정정한 건 장르의 컨벤션Convention, 관습을 짚고 넘어가야 할 것 같아서 그런 거예요. 왜냐하면, 제가 한국 관객에게 시간이 좀 필요한 것 같다고 본 건 한국 관객에게는 선호하는 장르와 선호하지 않는 장르가 확실히 구분되고, 그 구분이 장르 컨벤션에 따라 갈린다고 보기 때문이에요. 물론 라이너 말대로 저 역시 우리나라 뮤지컬 영화에 잠재력이 있다고 생각해요. 그건 뭐, 말할 것도 없지. 그런데 뮤지컬 영화라는 장르에 시간이 필요하단 건 분명해요. SF 장르도 마찬가지고요. SF 장르의 영화들은 뮤지컬 영화에 비해 작품 수도 늘고 있고 친숙해지는 과정인 것 같지만, 아직은 낯설어하는 사람이 많으니까. SF나 뮤지컬처럼, 대중에게 친숙하지 않은 장르들엔 시간이 필요합니다.

시간이 필요하다는 게 정확히 어떤 의미인가요?

전찬일 　<살인의 추억>이 나오기 전까지 우리나라에선 스릴러 장르도 잘 안됐지만 지금은 웬만한 영화들이 다 스릴러잖아요. 역사 영화도 마찬가지고. <황산벌2003> 이후로 역사 영화가 굉장히 많아졌고, 많이들 보고 있잖아. 그 이전부터 꾸준히 드라마로, 영화로 역사물을 다루려는 시도들이 있었기 때문에 가능해진 일이에요. 저는 더 많은 뮤지컬 영화가 나오고, 시간이 좀 지나야 한국 관객들도 그 장르에 친숙함을 느끼게 될 거라고 생각해요.

라이너 네, 알겠습니다. 선생님이 장르적 관습에 관해서도 언급하시고 SF 장르에 관해서도 언급하셨는데, 하고 싶은 말이 있어서 짧게 하고 넘어가겠습니다. 저는 SF 영화들이 너무 관습에 사로잡히지 않았으면 좋겠어요. SF 장르면 외계인이 나와야 하고, 우주선이 있어야 하고, 레이저 빔 같은 걸 쏘고, 로봇이 등장해야 한다고 생각하는 그런 관습이요. 이미 SF 장르에 관해 길게 이야기하긴 했지만, SF 장르가 꼭 그런 건 아니거든요. 일상적인 부분에서도 SF적 감성을 느끼게 할 수 있는 단편 소설이 많은데, 그런 걸 좀 참고해서 시도해 보면 좋겠어요.

그리고, 사극 이야기가 나온 김에 이어서 이야길 나눠 보면 좋을 것 같습니다. 선생님은 어떻게 생각하실지 모르겠지만, 사극 영화가 지금 대체로 잘 되고 있잖아요? 선생님 말씀대로 <**황산벌**> 이후론 꾸준히 잘 되고 있죠. 저는 누가 그 이유를 물어보면 이렇게 얘기해요. "우리나라에서 대하 사극 드라마가 더는 만들어질 수 없는 현실 때문에 그렇다."라고요.

예전엔 <**용의 눈물**>이라든지 <**여인천하**> 같은 좋은 사극들이 만들어지고, TV에서 방영됐어요. 그런데 <**정도전**> 이후로는 그런 작품이 잘 나오지 않아요. PPL 광고를 받을 수 없기 때문이죠. KBS 같은 공영방송에서도 창사 몇십주년 특집으로 만들지 않는 이상은 만들기가 어려운 게 현실입니다.

사극에 대한 수요는 그대로인데, 방송국에서는 PPL을 받지 않으면 사극을 만들 수가 없고, 영화에선 그게 되니까 사극 영화가 계속 잘되고 있는 거 아닐까요? 저는 이러한 이유로 앞으로도 사극 영화가 계속 나올 것이고, 계속 잘될 것 같아요. 선생님은 어떻게 생각하세요?

전찬일   저도 사극이 계속 인기 장르로 남을 거라고 생각해요. 그런데 저는 사극이 대중에게 친숙해진 데는 이런 영향도 있었다고 봐요. 21세기 이전까지 우리 역사관은 거의 식민사관이었어요. 그러다 21세기를 거치며 한국 역사에 대한 자각이 커졌고 그에 대한 관심도 늘어났죠. 저는 그 영향으로 사람들이 역사를 오락거리로, 문화로 즐길 수 있게 된 게 아닐까 생각해요.

라이너   그것도 맞죠. 역사에 대한 관심은 꾸준히 커지고 있으니 사극은 한참 더 인기 장르로 남을 것 같아요.

그런데요, 저는 사극 영화에 아쉬운 점이 있어요. 우리나라 사극 영화에서 근현대사, 특히 일제 강점기는 너무 많이 소비됐잖아요. 나왔다 하면 일제 강점기 이야기고요. 조선 시대 영화도 많이 나오긴 하지만, 그것도 너무 사도 세자 이야기만 많고. 사극은 정말 팔 게 너무 많은데, 파던 쪽으로만 계속 치우치는 게 좀 아쉬워요.

〈황산벌〉은 삼국시대 이야기인데, 그 이후 나온 사극 영화 가운데는 삼국시대를 다룬 경우가 거의 없죠. 고려시대를 다룬 것도 몇 편 없고요. 어째서 그런 일이 생긴 걸까요?

전찬일   아무래도 자료 때문에 그렇게 되는 거겠죠. 주로 참고할 만한 자료가 잘 나와 있는 시대를 배경으로 삼다 보니까. 근현대사 이전 이야기가 다 조선시대 이야기인 것도, 『조선왕조실록』만큼 잘 남아 있는 자료가 많지 않으니까 그런 거고.

라이너 『조선왕조실록』 같은 건 정말 엄청난 자료죠. 미국은 절대 갖지
       못하는.

전찬일 조선시대 이전 기록을 찾아야 해요. 그럼 또 새롭고 좋은 콘텐
       츠를 만들 수 있으니까.

라이너 저는 사료가 부족한 고대사로도 이야기를 만들려는 시도가 많
       아지면 좋겠어요. 역사적으로 너무 엄밀할 필요는 없다고 생각
       하거든요. 유럽사를 소재로 만든 작품이 정말 많지만, 그걸 역
       사적으로 따지면 그냥 중세 시대 판타지에 불과하거든요. 역사
       덕후들이 각 잡고 지적하면 지적할 거리가 끝도 없이 나온단 말
       이죠. 왜곡이라면 왜곡이라고 할 수도 있겠지만, 사극 영화의
       목표가 역사 교육은 아니잖아요. 사람들이 감상하고 즐기는 콘
       텐츠를 만드는 거니까, 역사적으로 사료가 부족한 부분엔 상상
       력을 덧대서 더 좋은 작품들을 만들면 좋겠어요.

전찬일 이미 그러고 있지 않나요? 지금 나오는 역사 콘텐츠가 결국 다
       팩션Faction 아닌가? <실미도2003>를 기점으로 꾸준히 사극 쪽에
       선 팩션이 대세잖아.

라이너 그렇긴 하지만, 계속 비슷비슷한 시기의 배경만 가지고 만드니
       까, 좀 다른 시대의 배경으로도 상상력을 덧붙여 다양한 콘텐츠
       를 만들면 좋겠다는 의미였습니다. <실미도> 얘기가 나왔으니 말
       인데, 저는 그 영화가 언급될 때마다 제가 영화의 힘을 느꼈던
       경험이 떠올라요.

어떤 경험인지 궁금합니다.

라이너   <*실미도*>는 원작이 두 권짜리 장편 소설이잖아요. 영화가 나오
기 전부터 원작 소설이 베스트셀러였어요. 서점마다 잔뜩 깔려
있었죠. 저도 소설을 먼저 읽고 주변에 추천도 많이 하고 그랬
는데, 크게 화제가 되진 않았어요. 베스트셀러인데도요. 그러다
영화가 나왔는데, 이게 최초의 천만 관객 영화가 됐잖아요. 그
러면서 전 국민이 실미도를 알게 되었죠. 그때 영화의 힘을 새삼
실감했어요.
제가 자주 하는 이야기가 있어요. "책은 사더라도 안 읽는 사람
이 태반이다. 그런데, 영화는 일단 티켓을 사서 영화관에 들어가
면 두 시간은 갇혀서 봐야만 한다." 사실 책은 읽다가 그만두거
나 아예 읽지 않더라도, 누가 알겠어요? 그리고 책은 누가 억지
로 읽으라고 해도 본인 의지가 없으면 내용이 머리에 잘 안 들어
와요. 하지만 영화는 그렇지 않죠. 일단 상영관에 앉으면 봐야만
하고, 보고만 있어도 어느 정도는 줄거리가 머릿속에 들어오니까
요. 관객의 귀와 눈에 정보를 꽂아 준다는 거, 저는 그게 영화가
갖는 굉장한 힘이라고 느껴요.

누아르와 공포

문법과 클리셰, 지키거나 혹은 파괴하거나

이제 다른 이야기로 넘어가 볼까요? 장르 이야기를 시작할 때, 전찬일 선생님께서 누아르는 원래 장르가 아니었다는 언급을 잠깐 해 주셨는데 그 이야기를 조금 더 들어보고 싶습니다.

전찬일   누아르는 '필름 누아르Film Noir'라는 말에서 나온 단어인데요. 프랑스어예요. 직역하면 '검은 영화'라는 뜻이죠. 이 말이 어떻게 나온 거냐면, 1940년대 초반에 흑과 백이 강렬하게 대조되고 어두운 스타일로 촬영된 할리우드 영화들이 프랑스에 많이 수입됐어요. 대부분 암흑가를 배경으로 한 영화들이었고요. 프랑스 비평가들이 그런 영화들을 묶어 '필름 누아르'라는 이름을 붙인 거예요. 그러니까 표현 방식에 초점을 두고 붙인 말인 거죠.

'누아르 영화'라고 하면 '갱스터 영화'를 떠올리는 사람이 많지만, 엄밀히는 달라요. 깡패가 등장하지 않아도 누아르적 요소가 있을 수 있는 거고, 깡패가 등장해도 누아르적 요소가 없을 수 있으니까. 암만 어두운 소재를 다뤘다 해도 그걸 화사하게 찍었다면 누아르 영화라 보긴 어려운 거예요.

장르론자 중에선 여전히 누아르를 장르로 인정하지 않는 사람들이 많아요. 그런데 저는 그렇게까지 엄격하게 볼 필요는 없다고 생각해요. 앞서 말했듯 장르는 사실상 수용자들의 편의를 위해 사용하는 거잖아요. 누아르라는 것이 본래 표현 방식의 하나였다 해도, 이제는 그 스타일의 요소요소가 장르로 굳어져 받아들여지고 있으니까 그런 부분도 고려를 해야 하지 않나 싶어요.

선생님 말씀대로 대다수가 '조폭 영화'를 '누아르 영화'라고들 생각하잖아요. 근데 그럴 수밖에 없는 게, 우리나라에서 조폭이 나오는 영화만 나왔다 하면 '한국 누아르'라고 홍보하기 때문인 것 같아요. 그렇기 때문에 조폭들이 나온다는 것 이외에 어떤 특징을 가져야 누아르 영화라고 하는 건지 명확히 알기 어렵기도 하고요. 그렇다면 누아르 영화란 어떤 것인지 더 자세한 설명이 필요할 것 같아요. 누아르를 장르의 하나로 수용할 때는 어떤 특징들을 장르적 관습으로 칠 수 있을까요?

전찬일 누아르 영화라고 하면 기본적으로 어둡죠. 화려한 부르주아보단 하층민이나 범죄와 관련된 인물의 이야기를 주로 다룹니다. 그렇기 때문에 갱스터와 많이 연관되는 거예요. 하지만 로맨스물도 얼마든지 누아르풍으로 그릴 수 있어요. 누아르 영화라면 특유의 비장함과 세상을 바라보는 비관적인 시선 같은 게 있어야 하기 때문에 따뜻하고 아기자기한 사랑 이야기는 안 되겠지만요. 또, 치명적인 여성 캐릭터가 등장한다는 점도 누아르 영화의 특징이라 할 수 있을 것 같네요.

라이너 　예전엔 한국 조폭 영화가 보통 다 코믹이었는데, 홍콩 누아르 영화가 한국에 유입되고 그 영향을 받으면서 한국 조폭 영화에서도 누아르를 추구하는 경향이 생긴 것 같아요.

전찬일 　맞아요. 결국 누아르 영화라 하면, 브라이언 드 팔마 감독의 <스카페이스1983>처럼 '필름 누아르'로 통칭되던 1940년대 할리우드 영화들이나 홍콩 누아르 영화들에서 차용한 특징들을 보여 주는 영화를 누아르 영화라고 칠 수 있을 텐데, 솔직히 그 개념이 남용되고 있긴 하죠. 제가 너무 엄밀히 따질 필요는 없을 것 같다고 하긴 했지만, 남용되는 만큼 누아르라는 개념 자체가 희미해지니까 조금 신중하게 쓸 필요는 있어요.

라이너 　우리나라 영화 중 뛰어난 누아르 영화라고 볼 만한 작품은 뭐가 있을까요?

전찬일 　글쎄요, 한국 영화 중엔 '누아르' 하면 딱 떠오르는 영화가 없는 것 같은데….

라이너 　<달콤한 인생2005>은 어떨까요?

전찬일 　아, 그게 있었네. 좋은 예시인 것 같아요.

라이너 　저는 '누아르' 하면 떠올리는 이미지가 있어요. 누아르 영화는 보통 주인공이 남성이니까, 한 남성이 바에 앉아 있고요. 그 남성은 언제라도 자기를 파멸시킬 수 있는 것들을 주변에 두고 있어야 합니다. 그게 뭐냐면, 술. 그리고 팜므파탈적인 여성 혹은 총 같은, 이런 위험을 옆에 두고 있어야 하는 거죠. 이런 이미지를 딱 도식화해서 보여 주는 게 누아르 특유의 스타일인데, 저는 좋은 누아르에선 항상 주인공이 자기의 인생과 파멸로 가는 길, 그 사이의 어떤 선 위에서 아슬아슬하게 있다가 결국 파멸을 선택한다고 생각해요. 그런데, <달콤한 인생>이 딱 그래요.

전찬일　그렇죠. 정확하게 누아르 영화라고 할 만한 작품이에요. 한국 누아르 영화랍시고 많이 언급되는 게 <신세계2012>인데, 사실 전 그 영화를 누아르라고 규정하긴 어렵다고 생각해요.

라이너　저는 <신세계>를 누아르 장르라고 생각합니다. 하지만, <달콤한 인생>에는 여러모로 미치기 어려운 작품입니다. <달콤한 인생>에 담긴 이야기의 깊이에 비해 <신세계>는 아무래도 기성품에 가깝기 때문이죠. 특히 플롯이 거의 베껴 온 것처럼 <무간도>와 비슷한데, 그마저도 대단히 뛰어난 영화라 보기는 어렵죠. <대부>를 오마주한 장면이 제법 있어서 그런지 <대부>와 <무간도> 사이에서 방황하는 작품처럼 보입니다. <신세계>를 <달콤한 인생>과 비할 수 없는 이유죠.

전찬일　맞아. 그런 영화가 한국에 별로 없어요. 싸우고 죽이고 하는 범죄물은 수두룩해서 그런 작품들을 습관적으로 누아르라고 하고 있긴 하지만, 정작 진짜 뛰어난 누아르 영화는 잘 떠오르지 않는다는 게 참 아쉽네요. 또 이야기 나눠 볼 장르가 있을까요?

공포 장르요. 선호하는 장르 이야기를 하시면서 라이너 선생님이 잠깐 언급하긴 했지만, 장르적 특징이 명확한 영화인 만큼 이야기를 좀 더 나누어 보면 좋을 것 같아서요. 라이너 선생님이 공포물에선 히치콕 감독으로 대표되는 공포 영화의 문법이 얼마나 잘 지켜지고 구현되는지가 중요하다는 이야기를 해 주셨었는데, 구체적으로 어떤 문법들인지 추가 설명 부탁드려요.

라이너 공포 영화는 어떻게 보면 문법이 정확하게 정해져 있다고 볼 수 있어요. 그래서 그 문법을 지키지 않으면 조금 어려운 부분이 있습니다. 이걸 자세히 이야기하려면 한참을 말해야 할 것 같은데, 적당히 정리해서 설명해 보죠.

연출에 있어서 '히치콕스럽다'고 보는, 특유의 촬영 기법이 있어요. 렌즈로는 줌을 당기면서, 실제 카메라는 레일을 달고 뒤로 움직이는 그런 기법인데, 이 기법을 공포 영화에서 제일 흔하게 써요. 거의 다 돌려쓰죠. 또, 놀라게 할 때는 앵글 바깥에서 훅 나오는, 그런 연출도 마찬가지로 거의 정해 놓고 쓰다시피 하고요. 그 밖에도 공포 영화엔 정해진 클리셰들이 많아요. 귀신 들린 인형을 소재로 한 이야기만 떠올려 봐도, 다 비슷비슷하잖아요?

전찬일 히치콕 영화의 특징 중에 빼놓을 수 없는 것들이 또 있죠. '오인誤認'이라는 모티브를 사용한다는 것과 영화 내내 언제, 어떻게 반전이 일어날지 모른다는 반전 가능성이 있다는 것. 그렇기 때문에 히치콕 감독의 영화를 볼 땐, 눈 앞에 펼쳐지는 것들을 그대로 믿고 볼 수가 없게 되요. 그리고 히치콕 감독은 음악을 단순히 배경음악으로 사용하지 않고, 대위법적으로 어떤 상황을 알려주는 역할로 사용한다는 특징도 가지고 있죠. 대표적인 예가 *<싸이코1960>* 속 샤워 신에 흐르는 음악이고.

라이너 그건 정말 공포 영화의 교과서 같은 신이죠. 공포 영화를 보면 소리가 더 무섭다고들 하잖아요? 히치콕 감독이 그런 공포를 잘 자극했어요. 눈에 보이는 것보다 들리는 것으로 공포를 느끼게 하는, 그런 연출을 정말 많이 사용했죠.

그런데 저희가 대담 중에 여러 번 언급한 〈헤어질 결심〉을 두고 굉장히 '히치콕스러운 작품'이라는 평이 많다고 하셨잖아요. 공포 영화가 아닌데 어떤 부분 때문에 그렇게 평가받는 건지 조금 더 구체적으로 알려 주시면 재미있을 것 같아요.

전찬일 *<헤어질 결심>*은 전반적으로 히치콕 감독의 *<현기증1958>*을 떠올리게 하는 작품이에요. 멜로와 스릴러가 결합한 영화라는 점도 그렇고, 남자 주인공이 미스테리한 여성을 조사하는 과정에서 사랑에 빠지게 된다는 점도 상당히 유사하죠. 영화가 1, 2부로 구성되어 있다는 점도 그렇고요.
또 *<헤어질 결심>*의 결말 부에서 해준(남자 주인공)이 서래(여자 주인공)를 찾아 헤매는 장면은 히치콕 영화 중 ***<북북서로 진로를 돌려라>*** 속 클라이맥스인 러시모어산* 시퀀스를 떠올리게 해요. 주인공들이 서로의 집 안을 몰래 들여다 보는 구도는 히치콕 감독의 *<이창>***을 떠오르게 하고요. 박찬욱 감독이 *<헤어질 결심>*에

---

* 역대 미국 대통령 얼굴이 조각되어 있는 그 산이다. 미국 사우스다코타 주에 있다. 〈북북서로 진로를 돌려라〉의 추격신으로도 유명하지만 실제 영화 촬영은 러시모어산이 아니라 세트장에서 했다고 한다.

** 제목이 생소한데, 원제인 Rear Window를 한자어로 번역해서 그렇다. 관음증을 소재로 한 영화다.

관해 대외적으로 히치콕을 언급하진 않았지만, 이 영화는 히치콕으로 시작해 히치콕으로 끝나는 영화라고 생각해요.

말씀해 주신 영화들과 비교해서 보면 정말 재미있겠네요. 그럼 다시 공포 영화 이야기로 돌아가 보죠. 공포 영화 추천작이 있다면 말씀해 주세요. 이유도 함께 알려 주시면 좋겠습니다.

라이너   저는 공포 영화 추천작으론 항상 <엑소시스트1973>를 얘기해요. 공포 장르에서 정말 중요한 계기가 된 영화거든요.

어떤 계기죠?

라이너   그 영화 이후로 엑소시즘이나 구마 사제가 중심이 되는 이야기가 공포 영화의 클리셰 중 하나로 정착이 됐어요. 이후 나온 비슷한 소재의 작품들, 가령 <검은 사제들2015> 같은 작품은 다 <엑소시스트>를 흉내 낸 작품이라고 볼 수 있죠. 그 정도로 공포 영화 장르에 많은 영향을 끼친 작품이에요. <엑소시스트>엔 악령이 들린 아이의 집에 신부가 도착하는 장면이 있는데, 그 장면은 많은 영화에서 오마주하는 장면 중 하나예요. *<컨저링 3: 악마가 시켰다2021>*에서 신부가 집에 도착하는 장면 역시 <엑소시스트>의 그 장면을 오마주한 것이죠. 저는 그 영화가 악마를 다룬 영화 중에선 원탑이라고 생각합니다. 흥행 성적으로 봐도, 손에 꼽히는 작품이고요.
<엑소시스트> 이후로는, 할리우드 공포 영화들이 그다지 재미를 보지 못 한 것 같아요. *<스크림1996>*이나 *<13일의 금요일1980>* 같

은 영화들이 나오긴 했지만, 정확히 말하면 공포 영화라기보단 **슬래셔 무비**Slasher Movie*니까요. 그런 영화들이 쏟아지면서 사람들이 슬래셔 무비에 지쳐갈 때쯤, *<링1998>*이나 *<주온2002>* 같은 일본 공포 영화들이 나오면서 독보적인 위치를 점했죠. 사다코나 토시오는 아직도 회자되잖아요? 그만큼 이름이 많이 알려진 귀신들이 참 드문데, 전 세계적으로 알려지고 여전히 회자될 만큼 일본 공포 영화가 굉장히 인기를 얻었던 거예요. 그러다 미국에서 파운드 푸티지Found Footage 장르가 나오면서 새로운 시대를 열었어요.

파운드 푸티지라는 장르는 조금 생소한데요.

라이너　*<파라노말 액티비티2007>*나 *<알.이.씨(R.E.C.)2007>*, *<그레이브 인카운터2011>*, *<곤지암2017>* 같은 영화들을 떠올리면 이해가 쉬울 것 같습니다. 사망하거나 행방불명된 사람이 찍은 영상을 후에 발견해서 관객에게 공개한다는 식의 설정을 가지고 만든 영화를 파운드 푸티지 영화라고 해요. 페이크 다큐멘터리의 일종이죠. 주로 사망하거나 실종한 사람의 시점에서 **핸드헬드**Handheld** 기법으로 촬영한 영화가 많은데요, CCTV나 블랙박스, 셀프캠의 시점에서 고정된 화면을 활용하기도 해요.

파운드 푸티지 장르를 대중화시킨 건 *<블레어 윗치1999>*라는 영화예요. 미스테리한 어느 마을에 다큐멘터리를 찍으러 갔던 학생들이 실종되고, 일 년 뒤에 그들이 남긴 필름이 발견되었다는

---

*　살인마가 등장인물을 무차별적으로 살인하는 내용의 영화.

**　카메라를 손에 들고 찍는 촬영 기법으로, 불안정한 화면을 이용해 관객에게 현장감을 준다.

내용인데, 개봉 당시에 이런 설정이 실제인 양 바이럴 마케팅을 해서 상당히 화제가 됐어요. 이 작품이 인기를 얻으면서, 파운드 푸티지 장르의 공포물이 많이 나오기 시작했고요. 파운드 푸티지 장르의 공포 영화는 저예산으로도 만들기가 좋아요. 캠코더 같은 걸로 찍어도 되니까요. 그렇기 때문에 이 장르가 공포 영화의 새 길을 열었다고 이야기한 거예요.

전찬일 라이너가 <엑소시스트>를 기점으로 그 이후의 공포 영화 이야기를 해 주었으니, 저는 그 이전의 공포 영화들 이야기를 좀 해 볼까요? 저는 일단 히치콕의 <싸이코>를 공포 영화라는 장르 안에서도 굉장히 높이 평가해요. 보통 공포 영화에서는 비주얼과 사운드 연출이 굉장히 중요하잖아요. 그중에서도 특히 사운드 연출에 따라 영화의 수준이 갈리고요. 아까 언급했던 <싸이코> 속 샤워실 시퀀스는 여전히 많이 회자되는데, 그럴 만해요. 피가 튀기는 잔인한 장면을 적나라하게 보여 주지 않고도 잔혹함과 공포스러움을 느끼게 하는 명장면이니까. 정말 위대한 연출이에요.

저는 공포 영화가 <싸이코> 이전과 이후로 나뉜다고 생각하는데, 그 이전 작품 중에서는 앞서 조명과 관련해 이미 소개했던 <노스페라투>라는 작품을 최고로 꼽습니다. 이 작품을 만든 무르나우라는 감독은 비단 공포 장르뿐 아니라 무성 영화계를 통틀어 거장으로 평가받는 감독인데, 영화를 보면 그렇게 평가받는 이유를 알 수 있어요. 시각적 효과가 정말 예술입니다. 사운드가 없는 공포 영화가 어떻게 가능한지 궁금하신 분들은 한 번 보시면 좋을 것 같아요.

그리고 <싸이코> 이후 나온 공포 영화 가운데 훌륭한 작품이라고 하면 <샤이닝1980>과 <악마의 씨1968>를 꼽을 수 있겠네요. 개인적으로 저는 둘 중에서도 <악마의 씨>를 더 높이 평가해요. 이 영화를 만든 로만 폴란스키 감독은 영화 역사상 열 손가락 안에 들 정도로, 영화를 잘 만드는 감독이죠. 물론 미성년자를 대상으로 성범죄를 저질렀다는 점만 놓고 보면 그냥 완전히 맛이 간 감독이라 하고 싶지만, 작품만 두고 따지자면 정말 그래요.

저는 자극적인 비주얼이나 **점프 스케어**Jump Scare*로만 승부를 보는 공포 영화를 좋아하지 않아요. 오감을 총동원시키면서 공포의 맛을 전달하는 그런 영화들을 좋아하죠. 제가 언급한 영화들이 딱 그런 영화들이에요. 치밀한 연출로 긴장감을 쌓아가며, 심리적으로 공포를 느끼게 하는, 그런 영화들이요.

라이너 선생님께서 "공포 영화는 <싸이코> 이전과 이후로 나뉘는 것 같다."라고 하셨는데, 저도 동의해요. 드라큘라나 프랑켄슈타인 같은 건 과거부터 이어져 내려오던 무서운 이야기 같은 거잖아요? 우리나라로 치면, 도깨비 이야기 같은 거죠. 전래동화스러운 느낌이 없잖아 있는데, 히치콕이 <싸이코>에서 보여 준 공포는 그런 것들이랑 전혀 달랐어요. 영화 연출로 이런 식의 공포도 보여 줄 수 있다는 걸 세상에 알려 준 작품이죠.

전찬일 히치콕은 일상이 공포가 될 수 있다는 걸 보여 줬어요. 그전엔 비현실적 존재로 인한 어떤 상황 자체를 공포스럽게 그렸지만, 히치콕의 공포 영화는 대부분 일상 속 공포를 그렸죠.

* 이미지와 사운드를 갑작스럽게 변화시켜서 관객을 깜짝 놀라게 하는 연출.

라이너　맞아요. 저는 <싸이코> 이후 공포 영화의 흐름에 대해서도 조금 더 이야길 해 보고 싶어요. 선생님이 잠깐 <샤이닝>을 언급하셨는데, 이 작품은 **스티븐 킹***이라는 작가의 동명 소설을 기반으로 만든 영화죠. 스티븐 킹이라는 위대한 작가의 작품을 원작으로, 정말 많은 공포 영화가 만들어졌어요. 대표적인 작품 중 하나가 <미저리1990>인데, 굉장히 스티븐 킹스러운 작품이라고 할 수 있습니다. 그 이후의 흐름이라 하면 제가 앞서 말한 파운드 푸티지 형식, 그리고 제임스 완의 **컨저링 유니버스**The Conjuring Universe**가 있습니다. 그런데 컨저링 유니버스에서 내세운 게 '무서운 장면 없이 무섭다!'였는데, 시리즈가 계속될수록 실망스러운 행보를 보이고 있어요. 공포 영화에 나올 법한 모든 클리셰를 남발한 영화를 국화빵 찍어내듯 만들어 내고 있으니까요. 컨저링 유니버스의 최근작을 보면, 클리셰에만 의존하는 작품은 잘 될 수가 없다는 걸 알 수 있어요. 공포 장르가 상대적으로 장르의 문법을 중요시하는 편이긴 해도 그 문법에만 의존해선 안 된다는 걸 깨닫게 해 주죠.

그런 의미에서 주목할 만한 감독이 있어요. 제가 현재 가장 뛰어난 공포 영화감독이라고 생각하는 아리 애스터 감독입니다. 이 감독은 그동안 봐 왔던 천편일률적인 공포 영화와는 전혀 다른 공포 영화를 만드는 사람이에요. 대표적인 작품이 <유전2018>이죠. 정말 대단한 공포 영화예요. 전찬일 선생님께서 싫어한다고 말씀하셨던 점프 스케어 같은 게 하나도 없는데, 그럼

---

*　현대 미국을 대표하는 장르 문학 작가. 전 세계에서 가장 많이 작품이 영상화된 작가 중 한 명이다. 영화화 된 대표작으로는 〈쇼생크 탈출〉(1994), 〈미저리〉(1990), 〈샤이닝〉(1980) 등이 있다.

**　미국의 영화사 '뉴 라인 시네마'에서 제작하는 공포 영화 시리즈와 해당 시리즈에 등장하는 악령을 주제로 한 외전 영화들을 중심으로 하는 시네마틱 유니버스.

에도 아주 공포스럽죠. 아무 생각 없이 보면 '이게 도대체 뭔 이 야기지?' 싶을 수도 있는데, 가만히 들여다 보면 영화 안에 굉장 히 상징적인 내용들이 알차게 들어 있어요. 포스터만 봐도 예사 롭지가 않고요. 영화에서 다루는 이야기를 포스터 속 한 장면만 으로도 아주 잘 드러내거든요. 깜짝 놀라게 하는 장면 하나 없 이도 영화 내내 무섭고, 보면 볼수록 무섭습니다.

아리 애스터가 <유전> 이후에 만든 <미드소마2019>라는 작품도 대단해요. 개인적으로 전작에는 못 미친다고 생각하지만, 그럼 에도 볼 만합니다. 아리 애스터는 딱히 신선할 것 없는 소재와 이야기도 신선하고 비범하게 보이도록 만드는, 탁월한 연출 능력 을 갖춘 감독이에요. 그렇기 때문에 굉장히 주목하고 있습니다. 국내 감독 중엔 장재현 감독을 주목하고 있어요. <검은 사제 들> 그리고 <사바하2019>를 만드신 분인데요. 오컬트 분야에 있 어선 정말 천재적인 분입니다. 하나 아쉬운 게 있다면, 이분이 영화적 문법엔 익숙하지 못하다는 거죠. 영화적으로만 보면 아 직은 능숙하지 못하신 것 같아요. 하지만 국내에서 오컬트를 다 루는 방식이나 표현해 내는 방식을 이분처럼 잘 이해하는 감독 은 손에 꼽을 거라고 생각해요. 그래서 저는 장재현 감독을 한 국 공포 영화의 희망이라고 보고 있어요.

전찬일 사실 저는 <샤이닝> 이후로 공포 영화를 거의 안 본 것 같아요. 그 래서 지금 추천할 만한 영화가 그렇게 많이 떠오르지 않아요. 저는 오히려 '공포'라고 하면, <복수는 나의 것2002>이 떠올라요. 공포 영화가 아닌데도요. 거기 물속에서 인대를 딱 끊어 버리 는 그런 장면이 나오잖아요? 그 장면이 내가 살면서 본 것 중 가장 공포스러운 장면이었거든요. 저는 습관적으로 점프 스케어를 남용하는 공포 영화들 때문에 공포영화에 대한 재미를 완전히 잃어버린 것 같아요. <샤이닝>은 정말 재미있게 봤는데….

라이너 <샤이닝>을 보고 스티븐 킹의 불만이 장난 아니었다고 하잖아요. 자기 작품을 망쳤다고요. (웃음)

전찬일 그럴 법도 하지. 거의 재창조하다시피 했으니까.

라이너 그러니까요. 새로 만든 수준이죠. 지금까지도 마음에 안 들어 한다고 하더라고요. 왜냐하면, '샤이닝'이라는 게 원작 속 소년이 가진 초능력이잖아요. 스티븐 킹의 소설 시리즈에 빠지지 않고 등장하는 초능력이죠. 그런데 영화 <샤이닝>엔 초능력 이야기가 거의 없다시피 해요. 스탠리 큐브릭이 그런 부분을 아예 다 빼버렸거든요. 그렇다 보니까 원작 소설과는 전혀 다른 작품이라고 볼 수 있을 정도의 영화가 만들어졌어요.
소설 『샤이닝』의 속편인 『닥터 슬립』도 영화로 만들어졌는데, 스탠리 큐브릭이 아닌 다른 감독이 만들었어요. 그 작품은 스티븐 킹스럽게 초능력 이야기가 나와요. 그런데 중후반부를 지나다 보면 또 스탠리 큐브릭스럽게 가는 경향이 보입니다. 원작자나 영화 <샤이닝>의 팬을 모두 고려해 그렇게 만든 거겠죠. 전 그걸 보면서 스탠리 큐브릭이 진짜 대단한 사람이라는 생각이 들었어요. 스티븐 킹 같은 원작자가 두 눈 시퍼렇게 뜨고 있는데, 자기 스타일대로 그냥 만들어 버리다니, 그런 인물이 또 없는 것 같아요.

전찬일 선생님은 한국 공포 영화 중에서 좋았다고 평가할 만한 작품이 없으실까요?

전찬일   물론, 있기야 하죠. *<장화, 홍련>*이요. 객관적으로 보나 주관적으로 보나 한국 공포 영화 중엔 그만한 영화가 없는 것 같아요. 앞서 언급한 스탠리 큐브릭 감독이 다양한 장르에서 좋은 작품들을 만들어 냈잖아요? 저는 김지운 감독이 한국에선 스탠리 큐브릭 같은 역할을 하고 있다고 봐요. 공포로는 *<장화, 홍련>*, 누아르로는 *<달콤한 인생>*, 휴먼 드라마로는 *<반칙왕>*, 코미디로는 *<조용한 가족1998>*까지, 다 훌륭하게 만들어 냈으니까요. 저는 *<장화, 홍련>* 이후로는 그만한 한국 공포 영화가 나오지 못하고 있는 것 같다고 생각해요. 한창 인기를 끌었던 '여고괴담' 시리즈도 수준으로 따지면 *<장화, 홍련>*에 한참이나 못 미쳤어요. 민규동, 박기형 감독이 맡았던 1, 2편 정도만 해도 조금 나았는데, 시리즈가 가면 갈수록 영화가 망가졌지.

라이너   저도 *<장화, 홍련>*이 한국 공포 영화 역사상 굉장히 중요한 작품이라는 데 동의해요. 김지운 감독은 정말 영화를 잘 만드는 감독이죠. 제가 언급한 장재현 감독 같은 경우엔 오컬트에 대해 엄청난 지식을 갖고 있긴 하지만 영화를 잘 만든다고 보긴 어렵거든요. 그런데 김지운 감독은 워낙에 영화를 잘 만드는 사람인 것 같아요.

김지운 감독이 임필성 감독과 옴니버스 형식으로 만든 SF 영화가 있어요. *<인류멸망보고서2011>*라는 제목으로 나왔는데, 김 감독은 그 가운데 '천상의 피조물'이라는 작품을 만들었죠. 제가 앞서 한 대담에서 한국 SF 영화에 대한 아쉬움을 토로했었는데, 이 작품을 보고 나서는 '그래, 이게 SF지.' 했어요.

영화를 잘 만들 수 있는 사람은 어떤 장르를 접하든 그럴듯한 작품이 나오는 것 같아요. 그런 의미에서, 우리나라에서도 볼 만한 공포 영화가 나오게 하려면, 이렇게 두 가지 방법이 있겠네요. 장재현 감독 같은 분에게 영화 잘 만드는 능력을 탑재시키거나 봉준호, 박찬욱 감독처럼 영화를 잘 만드는 감독에게 의존하며 공포 영화도 만들어 달라, 애니메이션도 만들어 달라, SF도 만들어 달라 하거나. 어느 쪽으로든, 나와만 주면 좋겠습니다.

이제 마무리하고 다음 주제로 넘어갈까 하는데, 혹시 더 나눠 보고 싶은 이야기가 있으실까요?

라이너   저 있어요. 아까 로만 폴란스키 감독이 잠깐 언급되었는데, 로만 폴란스키나 고 김기덕 감독처럼, 윤리적 문제가 있는 감독의 작품을 비평적으로 어떻게 바라봐야 하는가에 대해 이야길 나눠 보고 싶습니다. 이거 어떻게 봐야 할까요, 선생님?

전찬일   저는 이렇게 생각해요. 그걸 우리가 그냥 무시하고 넘어갈 게 아니라 그걸 전제로 하고 코멘트를 해야 한다고. 예를 들면 제가 아까 공포 영화 이야기를 꺼냈을 때처럼요. 저한테 역대 최고의 공포 영화라면 <싸이코>와 <악마의 씨>인데, 로만 폴란스키 감독에게 문제가 있다고 그 중에서 <악마의 씨>를 뺄 순 없는 거잖아요. 그래서 그 감독이 한 일에 대해 코멘트를 덧붙였던 건데, 비슷한 경우라도 그렇게 하면 되지 않을까요? 김기덕 감독 이야기도 나왔으니 말인데, 저는 김기덕 감독의 **<봄 여름 가을 겨울 그리고 봄** 2003>이란 영화를 썩 좋아하진 않아도 그 영화가 어느 시점까진 한국을 대표하는 한 편의 영화였던 것 자체를 무시할 순 없다고 생각해요. 그런 사람은 우디 앨런도 있고, 너무너무 많지. 우리가 만약 그런 사람 영화에 대해선 언급조차 않고 넘어가야 한다 그러면 어떻게 비평을 할 수 있을까?

라이너 그렇죠. 저도 로만 폴란스키 감독이 만든 작품들을 정말 훌륭하다고 생각합니다. 그런 감독이 세계에 얼마나 있겠어요. 손에 꼽을 만큼 뛰어난 실력과 재능을 갖춘 감독임은 분명하고, 영화사에 미친 영향도 지대하죠. 저도 그에 대한 평가와 그가 파렴치한 성범죄자라는 것이 함께 이야기되어야 한다는 데는 당연히 동의합니다. 그런데, 제가 이야길 꺼낸 이유는 이겁니다. 그 감독이 파렴치한 성범죄자인 것이 알려지고도 세자르영화상 감독상을 수상했잖아요? 저는 그런 사람에게 작품상 또는 영화계가 그의 어떤 공로를 인정하는 공로패 같은 걸 줘도 되느냐, 그런 명예를 주는 것이 옳으냐에 대해 이야길 해 보고 싶은 거였어요.

전찬일 그거에 대해선 찬성하지 않는 입장이에요.

라이너 김기덕 감독 같은 경우도, 여러 행적이 있고 그의 작품들이 뛰어난 성과를 이뤘다는 것을 부정할 사람은 없어요. 세계적으로 홍상수 감독과 더불어 우리나라의 예술 영화감독으로 인정받던 사람이니까요. 그런데 '그렇다고 해서 그에게 사후 명예를 주어야 한다거나 재평가해야 한다는, 그런 의견까지 받아들여져야 하는 건가?' 이런 생각이 들더라고요.

전찬일 누가 그런 의견을 냅니까? 그 감독은 이미 충분히 받을 만한 평가를 받은 사람이니까, 재평가할 것도 없지 않나.

라이너 예를 든 겁니다. 만약 김기덕 감독을 추모해야 한다든지, 김기덕 영화제를 만들어야 한다든지 하는 얘기가 나온다면 어떻게 받아들여야 할까 하고. 선생님은 작가로서의 평가는 해 주되, 그런 건 받아들일 수 없다는 입장인가요?

전찬일 그런 입장이죠. 그런데 윤리적으로 문제가 있는 작가 이야길 하면, 윤리적으로 문제가 있는 작품 이야기도 떼어 놓을 순 없을 텐데, 우리가 영화를 이야기할 때 데이비드 워크 그리피스 감독의 **<국가의 탄생**1915**>** 이야길 안 할 수가 없어요. 미국뿐 아니라 세계 현대 영화의 문법을 만든 영화니까. 근데, 점점 그 영화에 대한 평가가 내려가고 있죠. 그 영화가 굉장히 인종차별적인 내용이기 때문에 그래요. 나는 이렇게 생각해요. '이제는 작품이 윤리로부터 완벽하게 분리되긴 어렵지 않겠는가. **KKK(Ku Klux Klan)단***을 미화시키는 것까지 감독의 개성이라고 볼 순 어렵지 않을까.' 라이너가 굉장히 좋은 주제를 짚어 줬네요.

---

* 미국에서 남북전쟁 후 생겨난 인종차별주의적 극우 비밀조직. 백인우월주의 · 반유대주의 · 인종차별 · 동성애 차별 · 기독교 근본주의 등의 사상을 내세우며 폭력행위를 일삼는 단체이다. 하지만, 대담에서 언급된 <국가의 탄생>에선 이러한 KKK단을 마치 정의로운 단체인 양 묘사했고, 당시 KKK단의 세력 확장에 큰 영향을 미쳤다.

"백문이 불여일견!

버스터 키튼이 왜 찰리 채플린과 쌍벽을 이루는 위대한 배우요 감독인지를 보여줍니다."

감 독 버스터 키튼, 클라이드 브루크맨

각 본 버스터 키튼, 클라이드 브루크맨,
      알 보스버그, 찰스 스미스

출 연 버스터 키튼, 마리온 맥, 글렌 카벤더,
      짐 페얼리 등

개 봉 1926년

"인간의 한계를 넘는 기예."

"표정이 사라질수록,
   관객은 더 웃는다."

증기기관차 '제너럴'과 여자친구 애너벨 리(마리온 맥)를 사랑하는 기관사 조니는 남북전쟁이 발발하자 남군에 입대하려 하지만 거절당한다. 이 때문에 애너벨은 조니가 겁쟁이라고 생각하고는 조니가 군인이 되기 전까지는 만나지 않겠다고 선언한다. 그러던 어느 날, 북군이 기관차 제너럴을 훔쳐가 버린다. 그 안에는 애너벨이 타고 있는데…. 조니는 자신이 사랑하는 둘을 구해내 용기를 입증하려 한다.

"바그너의 음악을 배경으로 펼쳐지는 헬기 공습 장면은,

장면에 의미를 부여하는
영화 예술의 위대함을 보여줍니다.'

감 독 프랜시스 포드 코폴라
각 본 프랜시스 포드 코폴라, 존 밀리어스,
　　　헨리 헐
출 연 마틴 신, 말론 브란도, 로버트 듀발,
　　　프레드릭 포레스트, 샘 바톰즈, 로렌스
　　　피시번 등
개 봉 1998년
관객수 약 30만 명(추정)

"공포…. 공포…."

"선과 악,
그 경계가 무너진다"

때는 베트남전이 한창인 1969년. 공수부대 소속 벤저민 윌러드 대위는 후방에서 자신만의 왕국을 만들어 항명하고 있는 커츠 대령을 암살하라는 임무를 받는다. 어떤 도움도 없이 배 한 척을 타고 임무를 위해 강을 거슬러 올라가는 일행은 전쟁이 만들어낸 갖가지 참상과 아이러니, 광기를 목격한다. 그리고 마침내 상류에 도착해 그들이 목격한 것은….
극 초반부에, '자랑스러운 군인'으로서 아무 '의미 없는 학살'을 '그저 재미를 위해' 자행하는 헬리콥터 부대의 이야기가 나온다. 바그너의 음악을 배경으로 화면 위에 펼쳐지는 이 부대의 헬기 공습 장면은, 전쟁의 광기를 보여 주는 영화사의 명장면으로 꼽힌다.

"김한민 감독은 한국 영화감독 중 드물게
영화 음악을 효과적으로 잘 쓰고,
탁월하게 배치하는 사람입니다.

감 독 김한민

각 본 김한민, 윤홍기, 이나라

출 연 박해일, 변요한, 안성기, 손현주,
김성규, 김성균, 김향기, 옥택연 등

개 봉 2022년

관객수 7,283,928명

"압도적인 승리가
필요한 조선의 운명"

"나라의 운명을 바꿀
전투가 시작된다!"

때는 임진왜란 시기. 용인 전투의 참담한 패전으로 조선은 절체절명의 위기에 놓이고, 적장 와키자카 야스하루는 승리를 확신하면서도 바다에서의 패전 소식에 불길함을 느낀다. 한편, 전라좌수영에 모인 조선 수군의 수뇌들은 육지의 연이은 패전과 선조의 피난 소식에 암담함을 느낀다. 이순신은 새로운 전술을 고안해내지만 원균을 포함한 다른 이들은 회의적인 반응을 보일 뿐이다. 설상가상으로 와키자카의 명령을 받고 염탐을 온 사헤이는 학익진의 훈련 모습을 훔쳐보고, 거북선의 설계도까지 훔쳐내는 데 성공하고 만다. 약점이 밝혀진 거북선의 출정 여부를 놓고 이순신은 고민에 빠지고…. 7월 8일, 결전의 날이 다가온다.

전망

영화를 예측하다

관객, 극장, 그리고 영화
– 달라지는 관객, 사라지는 극장, 바꿔야 할 영화의 정의

관객, 극장, 그리고 영화

달라지는 관객,
사라지는 극장,
바뀌야 할 영화의 정의

이제 앞으로의 영화에 대한 얘기를 나눠 봐야 할 것 같습니다. 주변을 보면 영화관을 찾는 사람의 수가 현저히 적어진 것 같습니다. 저는 이대로 가면 나중엔 극장이 사라질지도 모르겠다는 생각을 종종 하는데요, 두 분은 이런 상황을 지켜보시면서 어떻게 생각하고 계시는지 궁금해요.

전찬일 코로나19와 OTT 서비스의 확산이 맞물리면서 전 세계 영화 산업에 위기가 찾아왔죠. '위드 코로나' 상황이 되면서 많이 회복되긴 했지만, 코로나19 이전으로 돌아가긴 힘들어 보여요. 팬데믹을 겪으면서 사람들의 영화 관람 패턴이 완전히 변해 버렸으니까요. 비대면 문화가 일상화되면서 OTT 서비스를 중심으로 한 관람 문화가 완전히 정착된 것 같아요.

세계적으로 극장 영화에 위기가 닥친 상황이지만, 저는 한국 극장 영화를 특히 더 염려하고 있어요. 칸 마켓에서 매년 발행하는

'세계 영화시장 동향(World Film Market Trends)'만 봐도, 다른 나라에 비해 우리나라 극장 영화 관람객 수 상승 폭이 눈에 띄게 낮거든요. 코로나19 이전과 비교했을 때나 다른 나라의 상황과 비교했을 때, '회복성'이 유독 낮다는 거예요.

상황이 나아지긴 하겠죠. 2022년에는 <*범죄도시2*>와 <*아바타: 물의 길2022*>이, 2023년에는 <*범죄도시3*>와 <*서울의 봄*>이 천만 관객을 돌파한 마당에 뭐 걱정할 게 있나 할 수도 있는데, 저 역시도 기대와 흥행 성적에 차이를 보이는 작품들을 보며 위기감을 느껴요. 한국 관객의 생각이 이전과 많이 달라졌다는 게 보이니까요.

한국 관객이 이전과 어떻게 달라졌다는 건지, 조금 더 구체적인 예를 들어주시겠어요?

전찬일 <*탑건: 매버릭*>은 비평적으로도 최상급 호평을 받은 작품이고, 전 세계적으로 흥행 수익 십오억 달러에 달하는, 그야말로 대박을 터뜨린 작품이에요. 그런 작품이 우리나라에선 팔백만이 조금 넘는 관람객을 동원했습니다.

<*한산: 용의 출현2022*>은 어땠나요? 그 작품은 김한민 감독의 '이순신 3부작' 중 두 번째 이야기면서, 무려 우리나라 역대 흥행작 1위인 <*명량2014*>의 후속작이에요. 그런데 흥행 성적은 어땠을까요? 영화적 만듦새가 <*명량*>보다 한 수 위였는데도 불구하고 전작에 비해 천만 이상 관객이 덜 든, 칠백만 수준의 흥행 성적을 받았습니다. <*영웅2022*>도 그랬죠. 쌍천만 감독인 윤제균이 팔 년 만에 선보인 작품인데다 국민 영웅인 안중근을 소재로 한

작품인데도 상당히 저조한 성적표를 받았단 말이에요.

그리고 저는 개인적으로 *<더 퍼스트 슬램덩크2023>*나 *<오늘 밤, 세계에서 이 사랑이 사라진다 해도2022>*에 열광하는 관객의 모습에 상당히 충격을 받았어요. 흥행 성적으로만 따지면 그다지 충격적일 게 없지만, 그 작품들도 기대와 흥행 성적에 큰 차이를 보였거든요. 기대보다도 훨씬 많은 관객을 모았죠. 영화의 만듦새나 이제까지의 일본 애니메이션 영화, 일본 실사 영화의 흥행 성적을 고려하면, 예상 밖의 결과예요.

관객이 영화를 고르는 기준이 과거와 달라졌다는 말씀인가요? 그렇다면, 그에 대한 해결책도 있을까요?

전찬일   이런저런 상황을 보면서 든 생각이 많은데요. 가장 먼저 든 생각은 '한국 관객이 예전만큼 영화에 누가 나오는지를 중요시하지 않는 것 같다.' 이거예요. 마동석 배우의 주연작인 *<범죄도시2>*와 *<범죄도시3>*는 천만 관객을 거뜬히 넘겼는데, 또 다른 주연작인 *<압꾸정2022>*은 관람객 수가 처참한 수준이잖아요? 백만도 못 넘겼으니까. 송강호·박해일 두 배우가 나온 *<나랏말싸미2019>*도, 현빈·황정민 배우가 나온 *<교섭2023>*도 관람객 수가 기대에 못 미쳐요. *<밀수>*에서 *<보호자>*에 이르는 여름 대목 네 텐트폴 영화들, *<거미집>*과 *<1947 보스톤>*, *<더 문>*에 이르는 추석 연휴 영화들의 흥행 성적에 눈길을 주면 부진하다 못해 처참할 지경이죠. 오백만 고지를 넘은 류승완 감독의 *<밀수>*와 백사십만에 근접한 이한 감독의 *<달짝지근해: 7510>* 말고는, 김성훈 감독, 하정우·주지훈 주연의 *<비공식작전>*은 백만 선을 넘는 데 만족해야 했으며, 정우성 감독이 감독한 *<보호자>*는 정우성에 강남길·박성웅이 주연으로 나왔건만 고작 십이만에 그쳤어요. 추석 영화들도 사정은 별반 다를 게 없어요. 강제규 감독, 하정우·임시완 주연의 *<1947 보스톤>*만 겨우 백만을 넘었지, 김지운 감독, 송강호·임수정·오정세·크리스탈(정수정)·전여빈 주연의 *<거미집>*과 김용화 감독, 설경구·도경수·박병은 주연의 *<더 문>*은, 놀라지 마세요, 삼십만과 오십만 선을 겨우 넘었을 따름이에요. 흥행 보증 수표로 알려진 배우들이 나오는데도요. 예전엔 이런 배우들이 작품의 흥행을 어느 정도 보증했지만, 이제는 꼭 그렇지만도 않은 것 같아요. 대중이 스타보다 이야기를 중시하는 것 같다고 느낍니다. 그런 의미에서, 이제는 제작자들이 스타 캐스팅에 목매기보단 이 시대 관객들이 정말 필요로 하는 이야기가 무엇인지에 대해 진지하게 고민하고, 그런 이야기를 영화로 만들기 위해 노력해야 하지 않을까 싶어요.

그리고 저는 한국 관객이 예전에 비해 엄격한 기준을 가지고 영화를 고르는 것 같다고 생각하는데요. 특히 한국 영화를 고를 때 더 그런 것 같아요. '한국 영화는 나중에 OTT 같은 데 올라오고 나서 천천히 보면 된다. 그런데, *<아바타: 물의 길>*이나 *<더 퍼스트 슬램덩크>* 같은 건 극장 가서 안 보면 손해다.' 이런 생각을 관객이 하는 거죠.

저는 지금 한국 영화가 이제까지 됐던(흥행했던) 것들만 천편일률적으로 반복하고 있고, 그게 문제라고 봅니다. 제작자들이 그런 습관적인 접근을 넘어서서 '극장에 가서' 봐야 한다고 생각하게 만드는 영화들을 만들기 위한 노력을 할 때예요. 그러지 않는다면, 한국 극장 영화는 위기를 벗어나기 어려울 겁니다.

라이너 저 역시 우리나라에서 영화관을 찾는 관객 수가 다른 나라에 비해 더디게 회복되고 있는 이유가 '한국 영화의 부진' 그 자체와 연결된다고 생각합니다. 대중이 한국 영화를 많이 찾게 된다면 그만큼 영화관을 찾을 일도 많을 텐데, 그렇지 않기 때문이라는 거죠. 그리고 거기에 영향을 미치고 있는 문제들을 네 가지 정도 이야기해 볼 수 있을 것 같아요.

첫째는, '일단 극장으로 오게 만드는' 동인이 부족하다는 겁니다. 선생님께서 "우리나라 관객들이 한국 영화를 '꼭 극장에 가서 봐야 하는 작품'으로 잘 쳐주지 않는 것 같다."라는 이야길 해 주셨는데, 동감입니다. 정말로, 요즘 관람객들에겐 '극장에서 봐야 하는 영화'라는 게 어느 정도 정해져 있는 것 같아요. 그리고 이왕 극장을 간다면 특수 관에서, 그리고 거기서 볼 만한 영화를 보겠다는 사람들이 많아지는 추세인 것 같고요.

<아바타: 물의 길>을 떠올려 보세요. 개봉 초에는 '천만은 어렵겠다.'고 예상한 사람들이 많았어요. 그런데 롱런하면서 결국 천만을 넘겼죠. 영화관으로 끌어들일 수 있는 동력이 있었기 때문에 가능했던 거예요. '이 작품은 꼭 영화관에서 또는 특수 관에서 봐야 한다.'라는 생각이 들게 하는 작품이니까요. 그런 생각이 곧 관객을 극장으로 움직이게 하는 동인이 되는데, 한국 영화엔 대체로 그 동인이 부족하죠.

두 번째 문제는 관람료가 너무 비싸졌다는 겁니다. 팬데믹 이전, 그러니까 2019년이랑 지금을 비교해 보면 영화 관람료가 오천 원 정도 올랐어요. 그러니까 관객 입장에선 '만 원 정도면 영화를 볼 수 있었는데, 코로나 삼 년이 지나가고 보려고 하니 만오천 원이 되어 버렸네?' 이렇게 느껴지겠죠. 오천 원 차이가 별것 아닌

것 같아도, 만 원과 만오천 원은 체감되는 게 좀 달라요. 심지어 영화 티켓값이 만 원이던 시절엔 '영화가 있는 날'이라는 게 있었죠. 수요일이었는데, 그때 영화를 보러 가면 반값으로 영화를 볼 수 있었어요. 그럼 오천 원이잖아요. 오천 원 정도면 영화가 어지간해도 그냥 볼 수 있어요. 좀 재미가 없거나 부족한 점이 있어도 너그러워질 수 있고요. 근데, 내 돈이 들면 들수록 사람은 조심스러워지기 마련이잖아요? 그렇다 보니 예전처럼 영화를 소비하기가 어려워졌어요.

저는 이 '관람료 상승'이라는 이유가 지금 자리 잡은 관람 문화에 상당히 영향을 미쳤다고 보고, 최전선에서 관람료 상승에 앞장선 CJ(CGV)의 잘못이 크다고 생각합니다. CGV에서 관람료를 상승시키면 결국 롯데 시네마나 메가박스도 따라가거든요. 관람료를 올리는 이유랍시고 내세우는 게 '다양한 상영관 때문'이라고 하는데, 막상 그 다양한 상영관에서 영화를 보려면 돈을 더 많이 내야 해요. 또, CGV 간판만 달아놓고 형편없는 컨디션의 상영관을 운영하기도 하죠. 상영관의 컨디션이 엉망이어도 관람료는 똑같고요. 저는 이게 영화관에 가지 않게 만드는 중요한 요인이라고 봅니다.

세 번째 문제와 네 번째 문제는 연결되는 것 같은데, '극장 동시 상영'과 '자막이 필요 없다는 점'이에요. 이거 정말 심각해요. 극장 동시 상영은 우리나라에만 있는데요. 이게 지금 어떤 식으로 돌아가고 있냐면, 영화가 나오고 일주일에서 이 주 뒤면 극장 동시 상영 VOD가 떠요. 그러면 최신 개봉작도 영화 티켓값 정도만 내면 방에서 편안하게 볼 수 있는 거죠. 정말 심각한 문제는 어떤 영화가 언제 VOD로 나온다는 정보가 미리부터 다 돈다는 거예요. 몇 월 며칠에 나오는지 전부 소문이 납니다. 그리고 VOD가 도는 즉시 토렌트에서 불법 파일도 돌아요. 특히, 한국 영화는 이게 정말 빨라요. 영화가 개봉되고 이 주 정도만 기다리면 불법으로 파일을 받아서 집에서 볼 수 있어요. 조금 더 기다리면 OTT 서비스로도 볼 수 있고요. 제작사 입장에선 IP TV 동시 상영을 하면 2차 시장에서 돈을 벌 수 있고 당장 어느 정도 수익 보전이 되니까 그렇게 하는 거겠지만, 결국 그것 때문에 영화관에 갈 필요가 없어진 겁니다. 넓게 보면 제 살 깎아 먹기인 거예요.

사람들이 왜 극장에서 <더 퍼스트 슬램덩크>를 봤을까요? 이유는 간단해요. 극장에서 보지 않으면 볼 수 없을 테니까요. 일본에선 영화가 나오고 난 뒤에 어느 정도의 텀을 가지고 DVD를 발매합니다. 극장 동시 상영 같은 게 없다 보니, DVD 발매 전까지는 영화 파일이 유출될 일도 없고요. <탑건: 매버릭>도 마찬가지예요. 미국도 DVD 발매까지 텀이 있기 때문에 영화관에 가지 않으면 몇 개월을 기다렸다가 남들 다 재미 보고 유행 다 지나야 볼 수 있어요. 어떻게 불법 파일이 유출된다 해도, 우리나라 영화 받아 보듯 편하게 받아 보진 못할 겁니다. 자막이 필요하니까요. 자막을 토렌트 유저들이 만들어 줘야 하는데, 그러기도 쉽지 않을뿐더러 만든다 해도 영화관에서 보는 자막에 비하면 수준이 떨어질 거예요. 그러니까 결국, 극장에 가서 봐야 해요. 반면에 우리나라 영화는 자막도 필요가 없잖아요? 파일이 돌기만 하면 그냥 볼 수 있어요. 이런 소비 패턴이 지금 한국 극장 영화 산업을 갉아먹고 있어요.

현실적으로 제가 이야기한 이 문제들을 다 당장 없애야 한다고 말하긴 어렵겠죠. 한번 오른 관람료도 내릴 순 없을 테니까. 그렇지만, 한국 영화의 미래를 위해 극장 동시 상영만큼은 반드시 없어져야 한다고 말하고 싶어요.

전찬일 라이너가 굉장히 구체적으로 진단을 잘했네요. 극장 동시 상영은 정말 심각하죠. 없애야 한다는 필요는 모두가 느낄 텐데도 못 하고 있는 거예요. 라이너도 말했다시피, 일단 수익을 내야 하니까. 제가 얼마 전에 만난 영화 투자자도 이런 이야기를 하더라고요. "투자한 영화를 VOD로 빨리 풀고 싶지는 않은데, 당장 회수해야 하는 돈이 있으니 고민이 된다." 일각에선 끊임없이 문제를 제기하고 있지만, 그럼에도 불구하고 IP TV나 OTT 서비스에 풀리는 속도가 오히려 더 당겨지고 있어요. 법적으로라도 이걸 규제를 해 줘야 할 것 같은데… 사실 저는 관람료 문제에 대해선 좀 다르게 생각해요. 관람료가 오른 건 비단 우리나라뿐만이 아니기도 하고, 뮤지컬은 십 몇 만 원을 내고도 보잖아요. 영화 보는 데 오천 원 더 내야 한다는 게 그렇게까지 치명적인 문제는 아니지 않을까 생각하는데.

라이너 저는 그게 극장 동시 상영 문제랑 연결되어서 시너지를 일으키고 있다고 봅니다.

OTT 서비스 이야기가 나온 김에, 나눠 보고 싶은 이야기가 있어요. '넷플릭스 오리지널'처럼, 요즘은 OTT 서비스에서 직접 제작해 공개하는 영화도 많이 나오고 있죠. 그런 영화는 애초에 극장에서 개봉조차 하지 않는 경우가 많은데, 두 분은 이 흐름을 어떻게 바라보고 계시는지 궁금합니다.

전찬일 진작부터 영화의 개념 규정을 새로 하자는, 그러니까 영화를 어떤 하나의 카테고리로 나누지 말고 '무빙 이미지Moving Image'의 하나로 접근하자는 주장이 있었거든요? 지금 흐름을 보면, 이미 영화를 그런 식으로 인식하는 게 어느 정도 자리를 잡은 것 같아요. 이제는 극장 영화와 OTT 영화, TV 영화 간에 큰 구분이 무의미해질 거라고 봅니다. 저는 극장 영화를 만드는 사람들이 이 흐름을 빨리 받아들여야 한다고 생각해요. 극장에 거는 영화만 진짜 영화라고 생각하는 사람은 계속해서 줄어드는데, 여전히 '영화는 극장에서 보는 것'이라는 전통적인 개념만 고집한다면 이 위기를 극복하지 못할 거예요. 그런 의미에서, 이제는 영화도 원 소스 멀티유즈One Source Multi-use, OSMU 콘텐츠가 되어야 하지 않을까 싶어요.

영화도 결국 수익을 내야 하는데, 그 수익을 꼭 극장에서만 내야 하는 건 아니잖아요? 저는 여전히 극장에서 영화를 봐야 한다고 생각하고, 그렇게 하는 사람이에요. 하지만 그렇게 하지 않는 사람들에게 강요하고 싶진 않습니다. 결국 다 개인의 선택이니까 그걸 존중해야죠. 주변을 보면 평론가임에도 불구하고 영화관에 가지 않는 사람이 있는데, 저는 그것도 존중해요. 사람은 다 자기에게 편한 쪽으로 갈 수밖에 없어요. 그렇기 때문에 아무리 "영화는 영화관에서 보는 게 좋다!"라고 말해도 다 같이 손잡고 다시 극장에 영화를 보러 가는 일은 없을 거예요. 그래서 저는 전통적인 의미의 극장 영화라는 개념으론 영화가 살아남기 어려우리라 생각하고, 영화의 개념을 확장하고 조금 다르게 접근할 필요가 있다고 느낍니다.

라이너 　넷플릭스가 참 똑똑한 게, 영화계에서 최고라 할 수 있는 감독, 거장이라 불리는 감독을 데려다 영화를 만들게 했어요. 봉준호, 알폰소 쿠아론, 그다음은 마틴 스코세이지 이런 식으로요. 그 대단한 감독들이 만든 영화들이 '넷플릭스 시대'를 열어젖혔죠. 그리고 영화계에 '영화란 무엇인가? 영화관에서 트는 것이 영화인가?'라는 질문을 던졌습니다. 한동안 '넷플릭스 영화'들은 그야말로 뜨거운 감자였습니다. 봉준호 감독의 <옥자2017>는 우리나라 대형 멀티플렉스 세 곳에서 모두 보이콧 당했고, 칸 영화제 경쟁 부문에 초청받았을 땐 극장에서 볼 수 없는 영화가 칸 영화제에 진출하는 게 합당하냐는 이유로 논란의 중심에 섰어요. 아카데미 시상식에서 3관왕을 한 <로마>는 스티븐 스필버그 감독에게 "이건 아카데미 시상식에서 상을 받으면 안 되는 작품이다. 영화관에서 튼 게 아니니까 TV 프로그램 상인 에미상을 주는 게 맞다." 같은 말을 듣기도 했고요.

스필버그 감독이 그런 말을 하다니 놀랍습니다. 왜 넷플릭스 영화들이 그런 공격을 받는 걸까요?

라이너 　넷플릭스 영화들이 극장 영화판에서 배척받는 건 아마도 그 작품들이 극장 영화를 위협하는 것처럼 보이기 때문일 거예요. 그런데 제 생각에 극장 영화를 위협하는 건 다름이 아니라 '빠르게 발전하는 기술'인 것 같더라고요. 영화관에서의 체험과 비슷한 체험을 집에서도 할 수 있게끔 기술이 발전하는 것, 그게 최대 문제라고 보는 겁니다.

20년 전만 해도, 여자친구랑 데이트할 때 "우리 집 가서 비디오

테이프로 영화 볼래?"라고 하면 되게 없어 보였어요. 반면 "영화관 갈래?"라고 하면 뭔가, 특별한 체험을 하는 선택 같았죠. 하지만 요즘은 "집에서 넷플릭스 볼래?"라고 해도 딱히 구리게 느껴지지 않아요. TV 자체도 70인치 이상 되는 크기가 많이 나왔고, 사운드바 같은 음향기기도 굉장히 잘 나오거든요.

예전엔 집에 5.1채널, 7.1채널 서라운드를 설치하기가 어려워서 음향만큼은 영화관을 도저히 따라갈 수가 없었는데, 지금은 에어팟 프로만 해도 '영화관 못지않은데?'라는 생각이 들 만큼의 음질을 구현하잖아요. 극장이 위기일 수밖에 없어요.

그런데요, 이런 상황에도 불구하고 저는 이렇게 생각해요. 극장 영화엔 '체험하는 영화'로서의 가치가 있고, 그것은 계속될 것이라고요. 영화관에 들어가면 느껴지는 그 특유의 분위기가 있잖아요. 상영관에 불이 꺼질 때의 어떤 마법 같은 게 있죠. 불이 꺼지고 두 시간 동안은 아무에게도 방해받지 않고, 오직 영화와 나만 있는 시간이 이어지는 그런 마법이요. 저는 그게 사라지지 않을, 영화관에서만 가능한 체험이라고 생각해요. 아무리 집에 좋은 스크린과 음향 시설, 암막 커튼 이런 것들이 갖춰진다고 해도요.

그런 의미에서 저는 영화관의 어트랙션화가 계속 진행될 것 같다고 예상해 봅니다. 그리고 대중도 눈으로 보고 귀로 듣기 위해서가 아니라, 특별한 공간 안에서 영화를 느끼기 위해 영화관에 가는 방향으로 계속 발전해 나가지 않을까 싶어요.

이런 흐름 가운데, 한국 영화는 앞으로 어떻게 될까요? 아니면, 어떻게 해야 할까요? 개인적으로 생각해 보신 바가 있으시다면 들려 주세요.

라이너 한국 영화의 르네상스가 2003년이라고들 하잖아요? 그때를 돌이켜보면, 어떤 조건들이 겹쳐 있었어요. 옛날과는 전혀 다른 방식으로 키워진 감독들이 대거 등장했고, 멀티플렉스 영화관이 확 늘어났고, 그로 인한 대기업의 자본 투입도 있었고… 이런 것들이 겹치면서 엄청난 발전이 이루어진 거예요. 저는 그게 한국 영화계의 첫 번째 르네상스라고 평가하는데, 향후 십 년 안에 두 번째 르네상스가 올 것 같습니다. 그리고 그 바람의 주축은 전통적인 영화 업계에서 성장한, 가령 영화판에서 연출부 막내로 들어가 연출을 배우기 시작했던 그런 부류의 사람들이 아니라 뉴미디어에서 창작을 배우고 있는 사람들이 될 거라 예상해 봅니다.

왜 그렇게 생각하냐면, 요즘은 유튜버들이 예능 프로그램 같은 걸 만들잖아요. 예능만이 아니죠. 다큐멘터리도 만들고, 드라마도 만들어요. 그중에 잘 된 건 OTT에 진출하기도 하죠. 뉴미디어 창작자들이 플랫폼을 넓혀가고 있어요. 저는 이 사람들이 영화판에도 들어오게 될 것이고, 그렇게 되면 분명 기존의 방식과는 전혀 다른 방식으로 영화를 만들 거라 생각해요. 그렇기 때문에 한국 영화계에 혁신이 일어난다면 그들로 인해 일어날 것이라고 보는 것이죠. 또, 우리나라 사람은 테크 부분에서 굉장히 강한 면모를 보입니다. 유튜버들 영상 만드는 솜씨만 봐도 예사롭지가 않잖아요. 사람들이 카메라 선택, 조명 선택 이런 것들을 학습하기 너무 좋은 환경이에요. 시대가 디지털 시대이다 보니, 필름 써 가며 연습해야 했던 시대에 비하면 굉장히 편리하게 많은 연습을 해 볼 수도 있고요. 교재로 삼을 만한 자료도 너무 구하기가 쉽죠. 넷플릭스만 봐도 영화들이 널려 있으니까요. 옛날엔 영화 공부를 하려면 영화관에 가야 했는데, 지금은 넷플릭스에 있는 영화들을 1.5배 속으로 봐 가며 계속 학습하고, 비슷한 장면을 흉내 낼 수 있어요. 공부가 정말 수월합니다.

저는 이런 환경 속에서 또 새로운 창작자들이 나타날 수 있을 거라고 봐요. 그리고 이들이 아주 저가로도 영화를 만들 수 있을 거라는 생각도 하고 있습니다. 기존의 영화는 너무 거대해요. 제작비가 거의 백억씩 들잖아요. 장비도 굉장히 비싼 것들을 쓰는데, 요즘은 이삼백짜리 카메라만 해도 성능이 너무 좋아요. 십 년 전 수천만짜리 카메라로 할 수 있던 기능을 기본으로 탑재해서 나오죠. 저는 이렇게 나날이 발전하는 기술이 디지털 문법에 익숙한 이들과 만나면 영화의 규모가 훨씬 작아질 수 있을 거라고 봅니다. 이로 인해 영화판에 새로운 혁신이 이루어지지 않을까요? 영화 창작자들의 세대교체와 함께 말이죠.

전찬일　규모가 작은 영화, 저예산 영화가 참 중요해요. 아직 저예산 영화 중 이렇다 할 성공 사례가 나오질 않고 있긴 하지만, 저 역시 저예산 영화가 한국 영화의 미래가 될 수 있지 않겠나 생각해요. 지금 돌아가는 영화 산업은 보통 큰돈을 들여서 크게 키우고, 크게 (이윤을) 먹는 식으로 돌아가요. 그런데, 상대적으로 적은 예산을 들여 찍은 영화가 어느 정도만 성공을 해 준다면, 그래서 성공 사례가 나와 준다면 그런 쪽으로 더 많은 영화가 만들어질 수 있을 것 같아요. 그렇기 때문에 이전에 언급한 고봉수 감독 같은, 저예산으로도 영화를 잘 만들어 내는 이들이 중요한 거죠. 또, 라이너가 뉴미디어 쪽 이야기도 했는데, **우리 아들***

---

*　유튜브에서 백팔십만 이상의 구독자를 보유하고 있는 코믹 숏 무비 채널 '너덜트'의 전상협 배우를 가리킨다. 그는 전찬일 평론가의 둘째 아들이다.

도 뉴미디어 콘텐츠를 만들고 있잖아요? 제가 아들한테 몇 개월 전부터 주구장창 하는 소리가 있어요. "너희가 콘텐츠를 조금만 업그레이드시키면 영화제에도 나갈 수 있다." 우리 아들은 아빠가 꿈도 못 꿀 이야기를 한다 생각할 수도 있는데, 제가 볼 땐 얼마든지 가능해요. 그것도 몇 년 내에.

라이너 맞아요. 정말로, 몇 년 내에 그렇게 뉴미디어를 통해 영화판에 들어오는 창작자들이 나올 겁니다. 꼭 드라마 같은 콘텐츠만 만드는 창작자가 아닐 수도 있죠. 이백만 구독자를 가진 헬스 유튜버가 영화를 만들 수도 있어요. 그리고 그런 사람이 영화를 만들면 구독자 중 10퍼센트만 영화를 봐 줘도 이십만 관객이에요.

전찬일 그렇지. 뉴미디어의 영향력이 정말 굉장해요. 영화판에서도 이미 그걸 딱 파악한 것 같고. 제가 정말 재미있게 본 게 있어요. LA에서 열린 *<바빌론2022>* 프리미어 파티에 초대된 한국인이 딱 한 명이었는데, 그게 유튜버 '재재'였다는 거죠. 그리고 데이미언 셔젤 감독은 이동진 평론가가 진행하는 유튜브 채널에서 인터뷰를 하기도 했어요. 이런 흐름을 보며 '판세가 바뀌었구나.'라는 생각이 들더라고요. 예전엔 TV 채널을 메인으로 영화가 홍보되었는데, 이젠 그렇지 않은 것 같아요. 메인이 유튜브 같아.

라이너 이제는 누구나 알기 때문이죠. 사람들이 더는 TV를 보지 않는다는 걸. 요즘은 TV 채널에 나가는 것보다 유력한 유튜브 매체에 노출되는 게 훨씬 더 많은 관객에게 닿는 길이에요.

전찬일 맞아요. 그리고 저는 이런 생각도 했어요. '극장 영화도 그렇지만, 극장 자체도 위기인데 OTT 영화도 영화관에서 볼 수 있도록 서로 협력한다면 극장의 위기가 어느 정도는 극복될 수 있지 않을까?' 이제는 어찌 됐든 극장 영화와 OTT 영화가 공존할 수밖에 없는 상황이잖아요. 라이너도 말했지만, 극장에서의 감상은 질감이 다를 수밖에 없어요. 같은 영화라도 영화관에서 보면 그 맛이 달라요.

넷플릭스 제작 영화인 <*파워 오브 도그*2021>는 극장에서도 상영했고, 저도 그 영화를 영화관에 가서 봤는데요. 정말 미치는 줄 알았어요. 너무 좋았다니까. OTT 플랫폼과 극장 간 협력이 쉽진 않겠지만, 이게 정착되면 극장을 찾는 이들이 조금은 더 많아질 것 같아요. 지금은 OTT 영화들을 집에서만 보지만 극장에서, 그것도 스크린이 정말 큰 상영관에서 OTT 영화들을 상영한다면 누군가는 분명 극장에 가서 볼 거거든요. 극장에서만 느낄 수 있는 맛을 아는 사람이라면 분명 그럴 거예요. 왜 용아맥을 목숨 걸고 가려고 하겠어요? 같은 영화를 봐도 훨씬 더 큰 화면으로 봤을 때의 감상이 다르니까 그런 거죠. 라이너가 얘기했듯, 기술이 좋아지면서 홈 시어터가 굉장히 좋아지고 있어요. 하지만 아무리 집에서의 화면이 크다 한들 극장에서 훨씬 큰 화면으로 보여 준다면, 그 차이가 현저하게 난다면, 사람들은 극장을 찾지 않을까요?

라이너 음…. 같은 콘텐츠로 그렇게 동시 상영을 하는 건 한계가 있을 것 같아요. 대신 이런 걸 생각해 본 적이 있습니다. OTT용으로 제작된 드라마 콘텐츠들이 많은데, 그 뒷이야기를 극장용으로 만드는 거죠. 그러면 그 콘텐츠를 재미있게 본 사람들이라면 극장에 가야만 하잖아요. 저는 이런 방식이 사람들을 극장으로 끌어들이기 더 좋을 것 같단 생각을 해 봤어요.

전찬일 좋은 생각이네요. 아까 나온 이야기이긴 하지만, 결국 가장 중요한 건 체험으로서의 영화입니다. 그걸 앞장서서 하는 게 바로 제임스 카메론 감독이에요. 시대의 흐름에도 불구하고 체험으로서의 영화를 포기하지 않는 사람이죠. 그렇기 때문에 저는 <*아바타: 물의 길*>이 결국 흥행에 성공한 게 참 반가워요. 물론 이야기가 좀 재미없다 보니까 욕을 많이 먹긴 했는데, 저는 그 불굴의 의지와 실천을 굉장히 인상적이라고 평가하고 싶어요. 사람들이 비싼 티켓값에도 불구하고 공연장을 찾는 이유가 체험성, 현장성 이런 것 때문이니까 영화도 그런 걸 강조하는 방향으로 가면서 영화가 살길을 계속 모색해야 해요.

"이창동이 아니면 빚어낼 수 없을

흉내 불가의 괴작.
압도적으로 밀도와 농도가 높은 영화."

감 독 이창동
각 본 오정미, 이창동
출 연 전종서, 스티븐 연 등
개 봉 2018년
관객수 528,626명

"미스터리하면서도
강렬한 이야기"

"이제
진실을 애기해봐"

문창과를 나왔지만 지금은 택배 기사로 일하는 종수는 경품 행사장에서 어릴 적 친구 해미를 만난다. 내레이터 알바를 하는 해미는 팬터마임을 배웠으며, 고양이를 키우고 있고, 아프리카로 여행을 갈 예정이다.

해미가 아프리카에 가 있는 동안, 고양이를 봐주기로 한 종수는 고양이의 모습을 전혀 발견하지 못한다. 종수는 남산타워를 보며, 텅 빈 방에서 자위행위를 한다.

얼마 뒤 해미가 귀국을 하고, 종수에게 '벤'이라는 수상쩍은 남자를 소개한다. 자신의 비밀스러운 취미를 고백하는 벤에게 종수는 자신이 "해미를 사랑하고 있다"며 응수한다. 그러나 거친 언사로 해미의 기분을 상하게 하고 만다. 불안에 사로잡힌 종수⋯. 그리고 문득, 해미가 사라진다.

"미장센에 집중해서 보면

'이 감독이 영화를 이렇게나 잘 만드는 사람이구나'라는 걸 새삼 알 수 있게 되죠."

감　독 박찬욱
각　본 정서경, 박찬욱
출　연 탕웨이, 박해일 등
개　봉 2022년
관객수 1,903,313명

"짙어지는 의심,
깊어지는 관심"

"그들의
〈헤어질 결심〉"

사십대 초반의 강력팀 경감 해준은 구소산에서 일어난 추락 사건을 수사하면서 사망한 피해자의 젊은 아내 서래를 만나게 된다. 중국인이라 한국말이 서툴다는 서래는 묘한 어법을 구사하고, 남편의 죽음에도 동요 없이 담담하다.

수사를 계속할수록, 해준은 서래와의 동질감을 점점 느껴간다. 의심스러운 정황들과 함께 서래가 용의선상에 오르지만, 밝혀지는 알리바이들은 서래의 무죄를 증명해준다. 점점 가까워지는 두 사람, 그러나 곧 사건에 관한 새로운 사실이 밝혀진다.

"산에 가서 안 오면 걱정했어요, 마침내 죽을까 봐."

고백, 대담, 그리고 멋진 주행으로의 초대

본문에서 이미 말했듯 나는 비평의 기능을 크게 세 가지쯤으로 여겨 왔다. '가이드', '문제 제기', '준–역사적 기록'이다. 돌이켜 보면 성실히는 아니어도 지난 삼십여 년간 평론가로 살아오면서 그 세 기능에 어느 정도는 부응하는 활동을 해 오지 않았나 싶다. 그럼에도 개론적 성격을 띨 수밖에 없는 가이드 성격의 평론에는 상대적으로 소홀히 해 온 것도 사실이다. 고작 두 권밖에 되지 않는 단독 저서들, 『봉준호 장르가 된 감독』(2020)과 『영화의 매혹, 잔혹한 비평』(2008)부터가 그렇다.

유튜버로 출발해 본격적 영화 평론가로까지 비상한 흔치 않은 '크리튜버(Critic/Creative Youtuber)'요, 비평의 기능이 무한 의심되고 그 무용론이 일반화된 작금의 현실에서 대한민국 영화 평론의 현재와 미래를 책임질 최적의 프로페셔널이라고 평하고픈 라이너, 그리고 출판사 올드스테어즈의 편집자들과 더불어 빚어 낸 이 소담한 책이 유의미하게 다가선다면 무엇보다 그 이유에서다. '가이드로서 비평'에 나름 충실하다는 것! 라이너가 프롤로그에서 "섬광처럼" "영화에 대한 제 작고 어리석은 생각을 늘어놓은 부끄러운 고백서 같은 것"이라고 겸허하게 피력했지만, 나는 이 책을 '고백서' 대신 '안내서'라고 일컬으련다. 그 안내에 동행할 것인지 여부를 결정하는 것은 물론 독자 고유의 권한일 테다.

라이너가 이미 출판사 식구들에게는 충분히 전한 만큼, 다시금 감사를 피력하진 않으련다. 이 자리에서 특별히 크고 깊은 고마움을 전하고 싶은 대상은 '천재적 MC' 최욱과, 몸은 함께하진 않아도 마음으로는 여전히 늘 같이하고 있는 정영진, 강현지를 포함한 작가들, PD들, 동료 패널 최광희와 거의없다 등 매불쇼 시네마지옥 식구들과, 매불쇼를 진심으로 사랑해 온 시청자들이다. 그들이 아니라면 이 대담집이 세상 빛을 볼 수 없었으리라는 점은 두말할 나위 없다.

나는 어느덧 사 년이 다 돼 가는 2020년 2월 28일, 얼떨결에 시네마지옥에 첫 출연했던 날을 선명히 기억한다. 그전까지만 해도 팟캐스트는커녕 유튜브에도 거의 아무런 관심을 보이지 않던 나는 그때, 그 이후 펼쳐질 내 삶을 상상할 수 없었다. 그날로부터 사 주 후, 고정 출연을 제의받고 응하면서 내 삶은 그 이전과는 판이하게 다르게 전개되기 시작했다. 그때 이미 이십칠 년 차의 중견이었건만, 마치 평론가로 재탄생하는 것 같았다면 이해될까.

*

원한 건 결코 아니었으나, 그때부터 비평가로서 내 삶은 '매불쇼 이전'과 '매불쇼 이후'로 나뉘었다. 수시로 '그만둬야 한다면 그만둬야지'라 마음먹고 몇 차례의 '고비(?)'를 겪으며 짧지 않은 세월을 매불쇼와 더불어 살아왔다. 향후 언제까지 매불쇼에 출연하게 될지는 나도 모른다. 비평가로서, 나아가 육십대 초반의 '꼰대'로서 그 귀한 코너에서 내가 해야 할 것들, 할 수 있는 것들이 없지 않다고 판단하기 때문이다.

그리고 다른 그 누구도 아닌 라이너와 함께해 왔고, 하고 있고, 할 것이기 때문이다.

　굳이 나이를 밝힐 필요까진 없겠으나, 라이너와 나와의 나이차는 이십삼 년가량이다. 그런데도 난 단 한 순간도 그와의 소통·관계에 불편함이나 어려움을 느낀 적이 없다. 실은 그 정도가 아니다. 고백컨대 그의 성실성, 꾸준함, 노력, 발전, 성장·성숙 등을 지켜보면서 일말의 존경심까지 품고 있다. 그런 점에서는 그가 내 멘토라고 한들 과장만은 아니다.

　육십줄을 바라보며 맺어진 그런 인연이 어떻게 가능했을까? 무엇보다 영화와 삶을 향한 라이너 그만의 어떤 사유·태도·지향 때문은 아닐까? "살아가는 게 무엇일까, 하고 고민한 시간이 많았"고, "제가 가진 전부를 쏟아내고, 제 생을 걸어야 하는 일을 만난다는 것은 축복이라 생각"한다는 프롤로그에서의 묵직한 전언들이 그의 평범치 않은 덕목들을 여실히 증거 해 준다.

　그 점에서 이 책은 대담집의 형식을 띤 라이너의 단독 저서라고 해야 합당하다. 감사하게도, 나는 그의 멋진 주행에 편승한 셈이다. 책을 읽어보시라. 내 진단이 내 특유의 감상적 평가가 아니라는 것을 당장 확인할 수 있으리라.

2023년 12월
전찬일

10개의 시점으로 보는
영화감상법

1판 1쇄 2024년 4월 1일

저　　자 전찬일, 라이너
펴 낸 곳 OLD STAIRS
출판 등록 2008년 1월 10일 제313-2010-284호
이 메 일 oldstairs@daum.net

가격은 뒷면 표지 참조
979-11-7079-025-9 (03680)